교 과 서 에
나　오　지
않　　　는
조 선 사 건
실　　　록

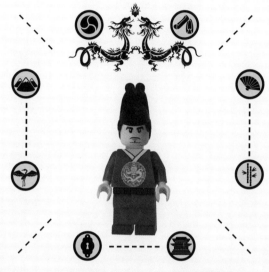

[정명섭 지음]

----- 교과서에 나오지 않는 -----

조선 사건 실록

조선의 운명을 결정한 열여섯 가지 사건 ☆

우리학교

역사를 알면 미래가 보인다

교과서에 다루는 역사는 때때로 결과만을 보여 주곤 한다. 따라서 왜 그런 사건들이 일어났는지 이해하기 힘든 경우가 많다. 그렇다 보니 역사를 무조건 외워야 하는 어렵고 지루한 암기 과목이라고 생각하기 쉽다. 그러나 역사는 외우는 것이 아니라 눈으로 읽는 음악이다. 일정한 규칙이 있고, 두뇌를 즐겁게 하는 지식이라는 음률이 있기 때문이다.

『교과서에 나오지 않는 조선 사건 실록』은 역사가 지루하고 이해하기 어려운 학문이라고 생각하는 청소년들을 위해 썼다. 기나긴 역사에서 특별히 조선시대를 택한 이유는 현재 사회와 밀접하게 관련되어 있기 때문이다. 1392년 세운 '조선'은 '대한민국'으로 국호가 바뀌고, 정치 체제가 바뀐 지금까지도 큰 영향을 끼치고 있다. 조선시대에 본격 도입한 성리학은 여전히 우리의 정신세계에 고스란히 남아 있다. 조선 초, 압록강과 두

만강 유역을 국경선으로 삼은 영토는 지금까지 대한민국 영토로 남아 있다. 뿐만 아니라 한글과 한복, 판소리는 민족의 정체성을 나타내는 상징이다. 그래서 우리는 조선에 대해서 잘 알고, 충분히 이해하고 있다고 생각한다. 하지만 조선을 정말 잘 알고 있는 것일까?

교과서에서 잘 다루지 않는 조선의 모습을 살펴보는 것은 역사를 이해하는 데 큰 도움이 된다. 이를 위해 조선시대의 전체 흐름을 이해할 수 있는 사건들을 중심으로 선정했다. 그리고 선정한 사건들을 구체적으로 설명하면서 왜 그런 일이 벌어졌는지, 그 사건의 결과는 어땠는지 보여 주고자 했다. 또한 이 사건들이 오늘날에도 계속 이어지고 있는 역사에 준 영향까지 담으려고 했다.

역사는 결정과 행동의 결과물이다. 누군가 어떤 결정을 내리고 행동에 옮기면서 나온 결과물이 오늘날 우리가 아는 역사로 만들어졌다. 역사를 살펴보면 함부로 권력을 휘두르다 더 큰 권력에게 짓눌리거나 하루아침에 몰락한 사람들이 있다. 반면, 고난을 겪으면서도 미래를 준비하고 다가올 기회를 기다림으로써 역사를 바꾼 사람들이 있다.

역사가 보여 주는 인과관계는 무서울 만치 냉정하다. 그러므로 역사를 공부할 때는 현재 우리의 모습을 살펴보고 반성하되, 이를 바탕으로 앞으로 나아가야 한다. 당시 과거의 사람들이 내린 판단의 내용과 그렇게 행동한 이유를 이해한다면 다가올 미래를 예측해 볼 수 있다. 불과 몇 분 후의 미래조차 예측하지 못하는 상황에서 이런 능력을 기르는 것은 살아가는 데 큰 도움이 된다.

더불어 이 책에는 우리 조상들의 삶과 죽음이 있고, 한 시대를 살아간 사람들의 발자취가 있으며, 그들의 성공과 몰락이 담겨 있다. 책에 등장하는 다양한 사건과 인물들이 알려 주는 교훈은 오늘날에도 충분히 가치 있다. 이를 통해 나의 모습을 되돌아보고, 우직하게 미래를 준비하는 밑바탕으로 만들기 바란다. 무엇보다 여러분이 책을 읽는 동안 조선시대 역사와 더 가까워지고, 즐거운 호기심을 갖게 되면 좋겠다.

2019년 새봄
정명섭

표지에서 나오지 않는 조선 여고 심통

: 차례

교과서에 나오지 않는 조선 시대 실록

1부

서롭고 나랏,
서롭고 게드를 나른다

우리 역사에 조선은 없었을지도 모른다

: 불패의 장수, 이성계 (1392년)

이성계가 전쟁터에서 죽었다면?

조선을 건국한 태조 이성계는 원래 뛰어난 장수였다. 활을 잘 쏘고 말을 잘 탔으며, '가별초'라고 불리는 사병(私兵)을 능수능란하게 지휘하여 고려의 적들을 연달아 패배시켰다. 고려의 북쪽 국경을 위협하던 나하추의 군대를 비롯해서 여진족과 홍건적을 물리쳤으며, 남쪽으로는 지속적으로 노략질하던 왜구들을 크게 격파해서 명성을 떨쳤다. 이성계가 거둔 승리들은 고려 변두리인 쌍성총관부 천호(고려시대 순군만호부에 속한 벼슬) 이자춘의 아들에 불과했던 그가 중앙 정계에 진출하는 발판이 되었다.

15

특히 활을 잘 쏴서 '신궁'으로도 불린 이성계는 멀리 떨어진 곳에 있는 작은 목표물도 쉽게 맞춰서 사람들을 놀라게 하곤 했다. 전쟁에서 승리를 거둘수록 이성계의 명성은 더욱 높아져 갔고, 쇠퇴해 가던 고려 대신 새로운 나라를 세우려는 사람들에게 희망이자 대안으로 떠올랐다. 그중 대표적인 인물이 정도전이다. 그는 고려의 부패한 권력자 이인임과 맞서 싸우다 유배를 가기도 하고, 이후에도 지속적인 감시와 탄압을 받았다.

정도전은 1383년, 함경도 동북면 도지휘사로 근무하던 이성계를 직접 만났다. 두 사람은 기강이 잘 잡혀 있는 이성계의 군대를 보며 의미심장한 대화를 나눈다.

"대단합니다. 이런 군대로 못할 일이 뭐가 있겠습니까?"

"무슨 일을 한단 말인가?"

이성계의 물음에 정도전이 대답했다.

"남쪽의 왜구를 치는 일이지요."

계속되는 정치적 시련을 겪으면서 백성들의 가혹한 삶을 직접 체험한 정도전은 이성계의 질서 있고 강력한 군대가 세상을 바꿀 칼이자 힘이라고 생각했다. 정도전은 함께 나라를 개혁하자며 이성계를 설득했고, 1392년에 정도전을 비롯한 신흥 사대부와 손잡고 고려를 무너뜨린 후 조선을 세운다.

조선을 세운 배경과 명분은 신흥사대부에게서 나왔지만, 새로운 국가 건설을 뒷받침한 힘은 이성계의 명성과 그가 거느린 군대에게서 나왔다. 조선의 건국 과정을 보면 이성계의 역할이 거의 절대적이었다. 만일 이성계가 전쟁터에서 죽었다면

새로운 나라, 새로운 제도를 꿈꾸다

우리 역사에 조선은 없었을지도 모른다

조선의 건국은 없었거나 상당히 다른 형태였을 것이다.

이성계의 명성을 드높인, 그러나 목숨을 잃을 뻔한 황산대첩

수십 년을 전쟁터에서 지낸 이성계는 늘 선두에서 싸웠다. 그렇다 보니 무수히 많은 위기를 겪었는데 대표적인 전투가 '황산대첩'이었다.

고려 후기에는 왜구들 때문에 한시도 조용한 날이 없었는데 1380년은 유독 피해가 극심했다. 고려군이 진포대첩에서 왜구들의 배를 화포로 격파하는 성과를 올렸지만, 배를 잃은 왜구들이 오히려 내륙 지방을 활보하면서 사람을 마구 죽이고 약탈을 저질렀던 것이다. 이후 고려의 명장 정지 장군이 사근내역(지금의 경남 함양)에 모여 반격하던 왜구와 전투를 벌였지만 패배하고 말았다.

전라도 지역으로 넘어간 왜구들은 남원성을 포위했다. 삼도도순찰사로 임명된 이성계는 부하들을 이끌고 급히 남하한다. 이성계의 남하 소식을 들은 왜구들은 남원성의 포위를 풀고 지리산 기슭의 인월역으로 이동한다. 이곳은 황산을 비롯해 주변이 산으로 둘러싸인 지역이라 공격하기 까다로운 곳이었다. 모든 장수들이 만류했지만 이성계는 결전을 주장하면서 공격에 나섰다. 부대를 둘로 나누어 진격한 이성계는 도중에 마주친 왜구들과 혈전을 벌였다. 이성계가 직접 활을 잡고 적을 쓰러

뜨려야 할 정도로 치열한 전투였으나 결국 승리를 거두었다.

첫 전투에서 참패한 왜구는 황산에 틀어박혀서 꼼짝도 하지 않았다. 그러자 이성계가 직접 군대를 이끌고 공격을 감행하면서 또다시 전투가 벌어진다. 돌아갈 곳이 없어진 왜구들이 필사적으로 저항하는 사이에 이성계가 포위당하고 말았다. 먼발치서 싸우던 의형제 이지란이 정신없이 싸우는 이성계에게 한 왜구가 접근하는 걸 발견했다. 그는 이성계에게 피하라고 연거푸 소리를 질렀지만 들릴 리 없었다. 다행히 이지란이 먼저 왜구에게 활을 쏘아 위기를 넘길 수 있었다.

이성계 옆에는 처명이라는 중국 장수도 있었다. 그는 옛 고구려 영토인 요동 지방을 되찾으려 한 요동 정벌 때 고려와 맞서 싸우다가 화살을 맞고 항복한 이력이 있었다. 처명은 이성계에게 덤벼드는 왜구들을 칼로 베면서 필사적으로 그의 곁을 지켰다.

치열한 전투가 계속되는 가운데 이성계가 타고 있던 말이 화살에 맞아 쓰러졌다. 새로운 말로 갈아탔지만 또다시 화살에 맞아 쓰러졌고, 이성계마저 다리에 화살을 맞고 말았다. 하지만 그는 목숨이 위태로운 상황에서도 부하들을 격려하며 전투를 계속했다.

치열한 전투 끝에 이성계가 왜구 장수 아지발도를 죽이면서 고려군이 승기를 잡았다. 기세를 잃은 왜구들은 막대한 사상자를 낸 채 뿔뿔이 흩어졌다. 살아서 도망친 자는 70명에 불과하다고 전해진다. 황산대첩은 한때 개경을 버리고 천도할 계획을

새로운 나라, 새로운 체제를 꿈꾸다

우리 역사에 조선은 없었을지도 모른다

세워야 할 정도로 날뛰던 왜구의 기세를 꺾었다. 뿐만 아니라 이성계의 명성을 드높이는 데 큰 역할을 했다.

하지만 이성계가 타고 있던 말은 물론 본인도 죽음의 고비를 넘기는 위험을 겪었다. 만약 그가 치명상을 입어서 전사했다면 조선이라는 나라, 그리고 창업주 이성계는 존재하지 않았을지도 모른다.

목숨을 잃을 뻔했던 홍건적과의 전투

사실 이성계가 황산대첩보다 더 위험에 처한 적이 있었다. 바로 공민왕 11년인 1362년 1월 개경에서였다. 당시 중국을 지배하고 있던 원나라에 저항하는 농민 반란이 일어났는데, 이들을 '홍건적'이라고 불렀다. 중국 북벌에 나선 홍건적 일부가 원나라군의 반격을 받아 아래로 밀리면서 요동을 거쳐 고려의 국경을 넘어왔다. 이를 시작으로 두 차례에 걸쳐 고려 침입을 시도했다.

1359년 1차 침입은 서경(지금의 평양)이 함락되는 것에 그쳤지만, 1361년 2차 침입은 더 큰 피해를 가져왔다. 청천강과 절령의 고려군 방어선을 돌파한 홍건적의 10만 대군이 그해 11월, 고려의 도읍인 개경을 함락한 것이다. 공민왕은 부인 노국공주와 함께 안동으로 피난을 떠났다. 풍족한 물자를 얻고 겨울을 나기 위해서였는지, 개경을 장악한 홍건적은 더 이상 움직이지 않았다.

고려는 그 틈을 타 대규모 군대를 동원해 개경 탈환 작전에 나선다. 정세운을 총병관으로 한 20만 명의 고려군에는 동북면에서 가별초를 이끌고 급히 달려온 이성계도 포함되어 있었다. 홍건적은 소와 말의 가죽을 벗겨서 성벽에 걸쳐 놓은 다음 물을 뿌려서 얼리는 방법으로 방어하려고 했다. 하지만 고려군은 곧장 성문을 돌파하며 공격에 나선다. 이성계는 숭인문을 공격하는 군대에 속해 있었다. 성문을 돌파당한 홍건적은 시내 곳곳에 보루를 쌓고 저항에 나섰다.

하루 종일 전투를 치르느라 지친 이성계는 날이 저물어 어느 민가에서 잠시 휴식을 취하고 있었다. 그때 이지란이 급하게 문을 박차고 들어왔다.

"형님! 큰일 났습니다!"

"무슨 일인가, 아우."

"홍건적 놈들의 반격입니다."

"뭐라고? 여기로 말인가?"

이성계의 물음에 이지란이 고개를 끄덕거렸다.

"도적이라고 우습게 봤는데 보통내기들이 아닙니다. 이곳을 뚫고 탈출할 속셈인 것 같습니다."

"젠장!"

벽에 걸어 둔 활을 집어 든 이성계가 문을 박차고 나오자 거리에 홍건적들이 몰려오는 모습이 보였다. 이지란이 데려온 말을 탄 이성계가 마당에 모인 가별초에게 외쳤다.

서로를 낳라, 서로를 죽이를 바를다

20

"우리가 불리하니 일단 숭인문 밖으로 나간다. 다들 나를 따르라!"

부하들과 함께 거리로 나간 이성계는 홍건적과 맞닥뜨렸다. 종일 격전을 치른 고려군이 잠시 쉬는 틈을 타서 대담하게도 숭인문을 돌파하려고 한 것이다. 거리가 너무 짧은 탓에 활을 쏠 여유가 없자 칼을 뽑아 든 이성계는 앞을 가로막은 홍건적을 닥치는 대로 베었다. 순식간에 사방이 피로 물들었지만 홍건적은 물러서지 않고 계속 밀려들었다. 이성계가 눈앞의 적과 정신없이 싸우는 사이 창을 든 홍건적 한 명이 뒤로 다가왔다. 투구 사이의 빈틈인 귀 뒤쪽을 노리고 있었다. 뒤늦게나마 위험을 알아차린 이성계가 재빨리 고개를 숙여서 공격을 피했다.

"이놈이!"

이성계가 칼을 휘둘러 창을 든 홍건적을 베어 버렸다. 그리고 부하들에게 외쳤다.

"서둘러 성문을 빠져나간다!"

부하들이 뒤를 막는 사이 이성계는 성문 앞에 있던 홍건적 7~8명을 순식간에 베었다. 그리고 시신에서 흘러내린 피와 그 사이 내린 눈으로 미끌거리는 성문을 단숨에 빠져나왔다. 뒤따라온 부하들과 숭인문이 보이는 언덕 위에 도착한 이성계는 한숨 돌렸다. 방금 나온 숭인문으로 횃불을 든 홍건적들이 무리지어 빠져나오고 있었다. 그 광경을 말없이 지켜보는 이성계에게 이지란이 다가왔다. 허공에 철퇴를 휘둘러 피를 털어 낸 그가 말했다.

"아까 그놈이 하마터면 형님을 찌를 뻔했습니다."

"전쟁터에서는 흔히 있는 일이지. 그나저나 저놈들은 죽자 살자 도망치는 중이군."

"개경에서 온갖 횡포를 부렸으니 저놈들은 이제 살아남기 어려울 겁니다."

이지란의 말에 이성계가 고개를 끄덕거렸다.

"드디어 개경에서 홍건적을 몰아냈군. 하지만 죽은 백성이 한둘이 아니고, 궁궐을 비롯해서 개경이 잿더미가 되었으니 참으로 큰일이야."

개경은 홍건적이 지른 불길에 휩싸여서 검은 연기를 토해 내는 중이었다. 하늘에는 이미 달이 떴지만 불길과 연기는 그칠 기미가 보이지 않았다. 한숨을 쉬는 이성계에게 이지란이 누런 이를 드러내면서 말했다.

"저는 다른 건 모르겠고, 형님이 무사하신 것만으로 충분합니다."

이성계는 이지란의 말에 웃음 지으면서도 불타는 개경에서 눈을 떼지 못했다. 전투에서 계속 이기는데도 적들은 줄지 않았고, 가슴속의 답답함도 가시지 않았다. 뭔가 다른 방법을 찾아야겠다는 생각이 마음 한구석에 깃들었다.

2차 홍건적의 침입 이후 이성계의 행보는 보통의 장수들과 사뭇 달랐다. 정도전과의 만남이 대표적이다. 함께했던 다른 장수들이 전쟁에서 세운 공을 바탕으로 사병을 키우는 데 힘썼던 것과 비교된다. 이성계는 정도전과의 만남에서 한 가지 확

새로운 나라, 새로운 제도를 꿈꾸다

우리 역사에 조선은
없었을지도 모른다

신을 얻었다. 새로운 나라를 세우면 어지럽기만 한 고려 사회의 문제를 해결할 수 있다고 말이다. 이러한 확신은 훗날 위화도회군과 조선 건국으로 이어졌다.

- ◉ **쌍성총관부:** 1258년, 원나라가 지금의 함경남도 영흥인 화주 이북을 지배하기 위해 설치했던 통치 기구. 1356년에 고려군이 탈환하여 없애고 화주목을 둠.

- ◉ **위화도회군:** 고려 우왕 14년인 1388년, 요동 정벌을 위해 출정한 이성계와 조민수가 압록강 위화도에서 군대를 돌려 왕을 내쫓고 권력을 잡은 사건.

- ◉ **신흥사대부:** 고려 후기에 등장하여 조선을 건국한 사회 세력. 지방의 향리나 중소 지주 출신으로 과거 시험을 통해 중앙 관리로 진출함.

가별초

이성계가 전쟁에서 연전연승한 이유는 뛰어난 활 솜씨와 탁월한 지휘 능력 때문이었다. 이런 그의 능력이 더욱 빛을 발할 수 있었던 것은 자신의 직속 부대 가별초 덕분이었다.

왜구와 홍건적의 침입으로 혼란스러웠던 고려 후기로 넘어가면서 최영 같은 장수들은 정부군 외에 별도의 사병 집단을 거느렸다. 이성계 역시 가별초(일명 가별치)라는 사병 집단을 이끌고 있었다.

가별초는 쌍성총관부 지역의 여진족과 고려인, 중국인들로 구성된 부대로 추측된다. 이성계 휘하 장수 중에는 여진족 이지란과 처명, 원나라 군벌 몽골인 조무도 포함되어 있었기 때문이다. 유목민이 많이 살던 쌍성총관부 지역 특성에 맞는 기병 부대로, 엄청난 기동력과 막강한 전투력을 자랑했다.

이성계의 가별초는 고려에서 손꼽히는 정예병으로써 여러 전투에서 공을 세웠다. 1361년, 고려 북쪽의 독로강 만호 박의가 일으킨 반란 진압을 시작으로, 2차 홍건적 침입으로 함락된 개경을 되찾는 작전에도 참여했다. 특히 고려의 북방을 어지럽

히던 요동 군벌인 나하추의 군대를 여러 차례 격파했다. 여진 족인 삼선·삼개의 반란도 막아 냈으며, 요동 정벌에 나서 졸본(중국 랴오닝성 환런현)을 함락시켰다. 또 남쪽에서 활개 치던 왜구들과의 전투에서도 맹활약했다. 1378년에는 개경 코앞인 해풍까지 쳐들어온 왜구를 최영과 함께 격파하면서 명성을 떨쳤다.

이성계가 이끄는 가별초는 항상 소라고등으로 만든 대라 소리와 함께 등장했는데, 전쟁터에서 대라 소리가 들리면 왜구들은 겁에 질려서 도망치기 바빴다고 한다. 아이러니하게도 이 대라 소리가 마지막으로 울려 퍼진 것은 1388년 위화도회군이 었다.

조선이 건국된 이후에도 당분간 가별초는 존속되었다. 하지만 중앙 집권 체제를 강화하던 조선에 가별초가 설 자리는 없었다. 결국 태종 이방원의 지시로 가별초는 역사 속으로 사라지게 된다.

1차 왕자의 난이
만들어 낸 희생자
: 이성계와 함께한 명장, 박위(1398년)

그들이 흥국사에 모인 이유

위화도회군으로 우왕이 쫓겨나고 창왕이 즉위한 지 한 해가 지난 1389년 11월, 이성계를 비롯한 심덕부와 지용기, 정몽주, 설장수, 성석린, 조준, 박위, 정도전이 개경에 있는 흥국사에 모였다. 9명뿐만 아니라 그들이 거느리고 있는 병사들도 대거 모였다. 고려 후기 권신들이 임금에게 자신의 뜻을 관철시키기 위해서 벌이던 무력시위의 연장이었다. 그러나 이때 모임은 성격이 조금 달랐다. 이들은 창왕을 몰아내려는 생각을 하고 있었던 것이다.

이색을 비롯한 당대의 문신들은 이성계가 감행한 위화도회군을 지켜보면서 무신 정권 시대를 떠올렸을 것이다. 정중부 등이 홀대받던 무신들을 부추겨 무신의 난을 일으켰고, 이후 100년 동안 무신들이 정권을 장악했던 시기를 무신 정권 시대라고 일컫는다. 당시 고려 임금들은 오랫동안 무신들의 허수아비 노릇을 해야만 했다.

하지만 이성계 곁에는 새로운 세상을 꿈꾸는 정도전 같은 이들이 있었다. 이성계의 지원 아래 정도전과 조준 등은 새로운 토지 제도인 과전법을 들고 나왔다. 호족과 권문세가들이 농민들에게 함부로 빼앗은 경작권을 돌려준다는 취지의 법이었다. 더불어 국가가 직접 농민들에게 세금을 거둠으로써 수탈을 막고 재정을 튼튼하게 하려는 목적을 가지고 있었다.

그러나 창왕 주변에 있던 권문세가들은 가만히 지켜보지 않았다. 당시 토지는 권력과 힘의 기반이었기 때문이다. 결국 이색의 주도로 반격을 계획하는데, 바로 창왕의 입조(명나라에 들어감)였다. 창왕이 직접 명나라에 가서 황제 주원장에게 왕권을 승인받음으로써 이성계에게 휘둘리는 것을 막으려는 계획이었다. 창왕의 아버지 우왕이 공민왕이 아니라 신돈의 자식이라는 소문이 돌고 있었고, 이성계가 모든 권력을 장악한 상황에서 쓸 수 있는 최후의 방법이었다.

하지만 9월에 윤승순과 권근이 가져온 명나라의 답장은 굉장히 실망스러웠다. 주원장의 지시로 작성된 답장에는 왕씨의 후사가 끊기고 다른 성씨가 왕위에 올랐다는 사실을 꾸짖으면서 창왕의 입조를 허락하지 않았다. 냉혹하면서도 권력의 냄새를 더없이 잘 맡던 주원장은 창왕의 정치적인 생명이 다해 가고 있고, 굳이 자신이 개입할 필요가 없다는 것을 잘 알고 있었다. 이렇게 창왕 입조 계획이 실패로 돌아간 후 이성계 일파는 흥국사에 모여서 창왕 폐위를 논의한 것이다.

"우와 창은 본래 왕씨가 아니므로 왕위를 잇지 말아야 했습니다. 게다가 이번에 천자께서도 입조하지 말라고 하시니 마땅히 창을 폐하고, 진짜 왕씨로 임금을 삼아야 합니다."

정도전의 말에 심덕부가 조심스럽게 물었다.

"그럼 누가 적당하겠습니까?"

"정창군 왕요가 있습니다. 신종의 7대손이니 왕위를 이을 만하지요."

흥국사 회의 직전, 유배를 가 있던 우왕이 심복들을 시켜 이성계를 없애려고 하다가 발각된 사건까지 일어나자 창왕과 고려의 운명은 사실상 결정되었다. 회의를 마친 이성계 일파는 창왕과 우왕을 강화도로 유배 보낸 후, 우왕은 다시 강릉으로 옮긴 다음 정창군 왕요를 왕으로 맞았다. 그가 바로 고려의 마지막 왕인 공양왕이다.

흥국사 회의에 참석한 명장 박위

조선의 건국은 1392년이라고 알려져 있지만 고려는 사실상

1차 왕자의 난이 만들어 낸 희생자

이때 무너졌다고 보아야 한다. 임금의 친족으로서 왕위에 오른 공양왕이 할 수 있는 일은 거의 없었기 때문이다.

1389년에 열린 흥국사 회의는 한 시대의 막을 내리는 중요한 회담으로, 참석자 9명 중 한 명이 바로 대마도 정벌의 주인공인 박위이다. 고려 충정왕 때인 1350년 이후 왜구들은 거의 매년 고려를 침략해 노략질을 했다. 당시 일본은 남조와 북조로 나뉘어서 내전 중이었기 때문에 지방 영주들에 대한 중앙의 통제력이 약화된 상태였다. 그 틈을 타서 지방 영주들과 결탁한 해적들이 주로 고려와 명나라를 노략질했다. 수십 년간 시달린 고려는 왜구들이 개경 코앞까지 쳐들어오자 철원으로 도읍을 옮길 계획까지 세웠다.

이처럼 혼란의 시대가 이어지면서 이성계를 비롯한 신흥 무장 세력들이 나타났다. 왜구나 홍건적과의 전투에서 공을 세운 이들은 차츰 중앙 정계로 진출했다. 이성계는 물론 박위 역시 왜구와의 전쟁을 통해 성장해 나간 군인이다. 박위는 그의 뛰어난 능력을 눈여겨보던 이성계에게 발탁된다. 경상도 상원수로서 요동 정벌군에 참가한 박위는 위화도에서 이성계와 함께 회군하면서 존재감을 드러내기 시작했다. 그는 김해 부사 시절, 낙동강을 거슬러 올라오는 왜구들을 물리쳤으며 뒤이어 올라온 후속 부대를 매복 공격을 통해 섬멸했다. 이후 상주와 영흥 부사로서 주로 왜구들이 자주 출몰하는 남쪽 지역을 지켰으며, 상주 중모현과 고령현에서 왜구들을 크게 격퇴했다. 왜구들을 성공적으로 물리치는 한편 폐허가 된 집과 토지들을

박위를 기리는 신남서원경보당 ©문화재청

원상 복구시키는 데 온 힘을 기울였다.

그리고 1389년, 경상도 도순문사가 되어 100척의 병선과 1만여 명의 병력을 동원해서 왜구들의 근거지인 대마도를 공격한다. 그가 이끄는 고려군은 300척의 왜선을 불태우고 포로로 붙잡혀 간 100명의 백성들을 구출해서 돌아왔다. 진포대첩과 황산대첩 이후 고려가 적극적인 공세를 통해 왜구들을 물리치고자 하는 의지가 돋보인 전투였다.

이성계를 도와 정계의 핵심 인사로 자리 잡고, 왜구들을 물리쳐서 두둑하게 공적까지 세운 박위에게 장밋빛 미래가 펼쳐지는 듯했다. 그러나 바로 그 순간부터 박위의 몰락이 시작되

1차 왕자의 난이
만들어 낸 희생자

었다. 흥국사 회의에 참석한 다음 해인 1390년, 박위는 뜬금없이 김종연의 옥사에 연루된다. 전라도 부원수를 지낸 김종연이 이방춘, 김식 등과 이성계 암살 모의를 꾸몄던 것이다. 이때는 이성계가 적극적으로 박위를 변호한 덕분에 위기를 넘길 수 있었다.

그 후 박위는 지방에 파견되어 왜구의 침입에 대비하기 위한 전투용 배를 만드는 일을 감독하기도 했다. 하지만 1394년 다시 투옥된다. 1392년에 동래 현령 김가행과 염장관 박중질 등이 밀양의 맹인 점쟁이 이흥무를 찾아갔고, 공양왕과 이성계 중 누구의 사주팔자가 더 좋은지, 더 나아가 고려 왕씨 중에 명운이 좋은 사람이 누구인지 물어봤다는 사실이 드러났기 때문이다. 박위는 이들에게 점칠 것을 요청한 사람이었다. 지금이라면 큰 문제가 아니지만 당시는 임금이 곧 국가였던 시절이며, 공양왕이 폐위되고 조선이 들어선 지 얼마 되지 않았을 때였다. 결국 이 사건은 대단히 큰 역모 사건으로 번졌다.

이 소식을 들은 이성계는 오히려 사람을 보내어 감옥에 갇힌 박위를 위로했고, 처벌하라는 신하들의 아우성을 무시한 채 복직시켰다. 그러나 박위를 처벌해야 한다는 주장이 계속 제기되자 어쩔 수 없이 외직인 서북면 도순문사로 보냈다가 파직시킨다. 하지만 그에 대한 이성계의 신임은 전혀 흔들리지 않았다. 1398년 초, 새로운 도읍인 한양에 궁성이 제대로 지어지지 않자 감독관으로 임명했다. 그리고 운명의 그날이 다가왔다.

이성계는 평생 동안 전장을 누비면서 단 한 번도 패배하지 않은 불패의 무장이었다. 그를 유일하게 패배시킨 사람은 다름 아닌 아들 이방원이다. 야심가였던 이방원은 자신이 왕위 계승권에서 멀어지자 쿠데타를 일으킬 계획을 세웠다.

이성계에게는 두 명의 부인이 있었는데 신의왕후는 고향인 쌍성총관부에서 얻었고, 개경에 와서는 신덕왕후를 얻었다. 이성계는 특히 신덕왕후를 아꼈는데, 두 사람 사이에는 뒤늦게 낳은 아들 방번과 방석이 있었다. 조선이 건국된 후 정도전은 왕위 계승에도 개입해 나이가 어린 방석을 세자로 삼았다. 자신이 꿈꾸는 정치를 펼치기 위해서는 아무래도 어린 방석이 적임자였기 때문이다.

신의왕후 소생의 아들들은 크게 반발했다. 당장 이방원만 하더라도 조선 건국 당시 골칫거리였던 정몽주를 죽이는 공로를 세웠는데 아무런 보상도 받지 못했다고 느낀 것이다. 게다가 정도전은 모든 권력을 중앙에 집중시키는 중앙 집권 체제를 완성하기 위해 대군(임금의 적자)들이 거느리고 있던 사병을 모두 없애려고 했다. 반드시 필요했던 조치였지만 대군들의 반발은 더욱 거세졌다.

이방원은 이 문제를 직접 해결하기로 결심한 뒤 은밀하고 용의주도하게 쿠데타를 준비한다. 쿠데타의 성공을 결정하는 핵심은 아버지이자 조선의 창업 군주인 이성계가 있는 경복궁을

세종도 나와, 세종도 제들을 받는다

1차 왕자의 난이
만들어 낸 희생자

얼마나 빨리 장악하느냐였다. 당시 이성계는 병을 앓고 있었으므로 정도전을 비롯한 주요 대신들은 숙직을 하는 중이었고, 궁궐 수비군 인원도 늘어나 있었다. 궁궐 수비군은 박위와 조온이 지휘하고 있었다. 조온 역시 이성계가 박위만큼 믿고 있던 장수였지만 조온은 이미 이방원에게 포섭되어 있었다.

1398년 8월 26일, 드디어 '1차 왕자의 난'이 터진다. 이방원은 다른 왕족들과 함께 이성계의 부름을 받고 경복궁으로 갔다가 등불이 모두 꺼져 있는 것을 보았다. 이상한 낌새를 챈 이방원은 화장실을 간다는 핑계로 빠져나와서 곧장 집으로 돌아간다. 그리고 측근인 이숙번과 이거이 등을 동원하고 집안에 있던 남자 종들을 무장시켰다. 이들과 산성이라는 군호(암호)를 정한 이방원은 경복궁 앞으로 나아간다. 도중에 근처 송현방에서 술을 마시고 있던 정도전과 남은, 심효생 등을 제거한다. 『태조실록』에는 우연찮게 지나가다가 그들을 공격한 것처럼 나오지만, 미리 철저한 계획을 세운 후 움직였다고 보는 게 더 타당하다.

심상치 않은 일이 벌어졌음을 감지한 박위는 궁궐 바깥을 살폈다. 그러나 너무 어두워서 동정을 살필 수 없었다. 그사이 이방원은 조준과 김사형을 불러 호통을 쳤다.

"경들은 정승의 자리에 있으면서 어찌 이씨의 사직을 걱정하지 않는가?"

기세등등한 이방원의 말에 조준과 김사형은 어찌할 바를 몰랐다. 그러자 부드러운 표정을 지으며 이방원이 말했다.

"정도전, 남은 같은 자들이 어린 서자를 세자로 삼기 위해 나와 형제들을 제거하려고 하기에 부득불 먼저 거병하였소."

그러자 조준이 고개를 조아리면서 말했다.

"신 등은 미처 그런 소행을 알지 못했습니다."

"이런 일은 마땅히 전하께 먼저 아뢰어야 하지만 형세가 급박하여 미처 알리지 못하였소. 공 등이 합좌를 해서 논의해야 할 것이오."

"그리하겠습니다."

대세는 빠르게 이방원 쪽으로 기울었다. 반대파의 수뇌부이자 개국공신 정도전과 남은을 제거했고, 궁궐 앞에 진을 친 상태였기 때문이다. 이때 궁궐 수비대를 지휘하고 있던 박위는 어떻게든 바깥의 정보를 알려고 애를 썼다. 하지만 여전히 깊은 어둠과 혼란은 사태 파악을 방해했다. 근정문 앞에 서 있던 박위는 서둘러 입궐하는 승지들에게 물었다.

"군사들이 왔는가? 안 왔는가?"

승지들은 대답 대신 이성계의 안부를 물었다. 박위가 사태 파악에 애쓰는 사이, 이방원은 아버지와 함께 위화도에서 회군했던 유만수를 제거하고 대신들을 자신이 있는 곳으로 모았다. 그리고 궁궐을 수비하고 있던 박위와 조온에게 투항을 지시했다. 사전에 공모한 조온은 즉시 부하들을 데리고 투항했지만, 박위는 한참 뒤에야 칼을 차고 나타나 말을 한다.

"모든 처분은 날이 밝은 후에 받겠습니다."

조온과 달리 꾸물대는 태도를 취한 것이 결정적이었다. 일단 박위를 돌려보낸 이방원은 다시 사람을 시켜 그의 목을 베도록

새로운 나라, 새로운 세상을 꿈꾸다

34

1차 왕자의 난이 만들어 낸 희생자

했다. 왜구와의 싸움에서 승리를 거두면서 명성을 떨쳤고, 이성계의 위화도회군을 지켜봤으며, 대마도를 정벌하고, 흥국사에서 다른 참석자들과 함께 창왕을 폐위시킨 박위는 1차 왕자의 난이 벌어지는 와중에 허무하게 목숨을 잃었다.

『태조실록』에는 박위의 죽음이 다소 갑작스러웠던 것처럼 나온다. 하지만 이방원은 애초부터 이성계에게 충성스러웠던 그를 제거하려고 생각했던 것으로 보인다. 박위가 끝까지 이성계의 편에 서는 것을 확인하자 가차 없이 제거해 버린 것이다. 비록 적이라고 해도 항복하면 부하로 삼았던 아버지와는 사뭇 거리가 먼 이방원의 냉혹한 방식이었다. 박위의 죽음은 이성계의 시대가 끝났음을 의미한다.

- **옥사**: 살인이나 반역의 중대한 범죄를 다스리는 일 또는 그런 사건.

- **권신 및 권문세가**: 권신은 권세를 잡은 신하 또는 권세 있는 신하를, 권문세가는 벼슬이 높고 권세가 있는 집안을 뜻함.

- **부사**: 고려·조선시대 지방의 장관직. 조선시대에는 정삼품의 대도호부사와 종삼품의 도호부사를 가리키는 말.

경처와 향처

이성계는 고향 영흥에서 한씨를 아내로 맞이해서 이방원을 비롯한 6남 2녀를 낳았고, 개경에서는 상산부원군 강윤충의 딸 강씨와 혼인해 방번과 방석, 경순공주를 낳았다. 지금 기준으로 보면 중혼은 불법이었다. 하지만 고려 때는 경처와 향처 제도가 있었기 때문에 불법이라고 단정 짓기 곤란했다.

경처와 향처는 고려 후기에 생겨난 제도로, 신흥사대부의 탄생과 깊은 연관이 있다. 과거에 합격해서 중앙 정계에 진출한 이들은 이미 고향에서 결혼을 했음에도 불구하고 개경에 올라와서 또다시 결혼을 했다. 외지에서 남자 혼자 생활하기 쉽지 않은 데다 중앙 정계에 인맥을 만들기 위해서였다. 그래서 고향에서 결혼한 여자를 향처, 개경에서 결혼한 여자를 경처라고 불렀다.

고려도 원칙적으로는 일부일처제였지만 후기에 접어들면서 이런 일이 비일비재하게 일어났다. 당연히 먼저 결혼한 향처가 정처가 되어야 하지만 경처 쪽의 집안 세력이 더 큰 경우가 많고, 남자의 출세에도 더 도움이 되었기 때문에 판단이 쉽지 않았다.

조선이 건국된 후 경처와 향처는 큰 사회 문제가 된다. 경처가 첩이 되는 상황에 처하자 경처 집안 전체가 반발했던 것이다. 특히 남편이 살아 있을 때는 별 문제없지만, 남편이 사망하면 경처와 향처의 자식 중에 누구를 적자로 삼느냐 하는 문제가 불거졌다. 조선시대에 들어오면서 처와 첩의 구분이 명확해지고, 첩의 자식은 사회·경제적으로 큰 불이익을 당했기 때문이다. 조정에서 고심 끝에 경처와 향처를 모두 처로 인정하고 자식들도 적자로 인정하면서 일단락되었다. 하지만 그 후에도 재산 분배를 문제 삼아 오랜 기간 법적 소송이 벌어지면서 조정을 골치 아프게 만든다.

이성계의 경우 향처인 한씨가 조선 건국 직전에 세상을 떠나면서 경처인 강씨가 왕후가 되었지만, 결국 왕위 계승권을 놓고 양쪽 집안의 자식들이 서로 죽고 죽이는 비극이 벌어졌다.

대일 외교의
달인

: 포로 송환에 힘쓴 이예(1416년)

끊임없는 왜구의 침입

"왜구다! 왜구들이 나타났다!"

"얼른 도망쳐라. 잡히면 죽거나 끌려가고 말 거야!"

"아이고, 어머니!"

왜구의 습격은 백성들에게는 악몽이었다. 고려 말부터 본격적으로 시작된 왜구의 침입은 조선이 건국된 이후에도 계속됐다. 일본의 지방 영주들은 해적들과 한통속이 되어 조선과 명나라 연안에 침입해 노략질했다. 왜구는 한반도를 침략했던 다른 세력들과 달리 '약탈'에 치중했다. 특히 세금으로 거둔 물건을 개경으로 운반하는 조운선과 쌀을 저장한 조창을 집중적으로

노렸으며 나중에는 아예 육지로 상륙해서 노략질했다. 이를 통해 주로 쌀과 곡식을 약탈하고 백성을 납치해 노예로 팔았다.

고려는 오랫동안 몽골의 침입에 시달린 데다 이후에는 원나라의 강요로 1241년과 1281년 두 차례의 일본 원정에 동원되는 바람에 국력이 크게 낭비되고 군사력 또한 약화되었다. 그로 인해 왜구의 침입에 제대로 대응하지 못했다. 레이더나 조기 경보기가 없던 시절에 기나긴 해안선을 물샐틈없이 지키는 것은 사실상 불가능했다. 바다를 지키는 수군을 길러 내는 일은 막대한 비용과 시간이 들었다. 따라서 당장 눈앞의 왜구들을 막는 것도 힘겨웠던 고려로서는 시도하기조차 어려웠다.

한반도 남부는 물론이고, 평안도와 황해도, 함경도까지 장장 40여 년간 계속된 왜구의 침입으로 고려는 재정 체계가 무너지는 위기까지 겪어야 했다. 국가를 운영하고 유지하는 데 가장 중요한 세금 징수를 어렵게 만든 데다 계속되는 약탈로 백성들의 삶은 더욱 고통스러워졌기 때문이다.

왜구의 침입은 1380년 진포대첩과 황산대첩을 거치며 수그러들기 시작했다. 황산대첩에서 승리한 이성계는 왜구와 싸운 공을 바탕으로 쌍성총관부 출신이라는 약점을 이겨 내고 중앙 정계에 자리 잡는다. 그리고 당시 이성계의 가능성을 본 정도전을 비롯한 신흥사대부들이 등장하면서 궁극적으로는 조선의 건국으로 이어졌다.

조선이 건국되자 왜구는 눈에 띄게 줄어들었다. 무엇보다 이

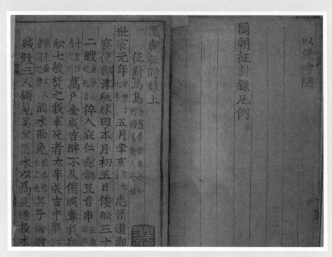

대마도 정벌 과정을 기록한 「국조정토록」 ©한국학중앙연구원

성계가 왜구와의 전투에서 많은 업적을 이룬 장군 출신이었고, 조선의 기틀을 다지려면 백성들에게 고려와는 다르다는 것을 보여 주어야 했기 때문이다. 때마침 일본에서도 남북조 내전이 끝나고 무로마치 막부가 왜구 금지령을 내리면서 왜구의 침입도 서서히 막을 내리게 된다.

하지만 1419년, 대마도 정벌이 시행될 때까지도 왜구의 침입은 계속 이어졌다.

세종 날화, 세종로 지도를 받는다

대일 외교의
달인

왜구의 또 다른 노략질 대상이었던 백성들

　왜구들은 곡식을 약탈한 것뿐만 아니라 백성들을 납치했는데, 노예로 팔기 위해서였다. 왜구들의 중간 기지 격인 대마도로 끌려간 백성들은 일본 본토나 유구국(오키나와)으로 팔려 갔다. 조선에서는 당연히 이들의 송환을 위해 노력했지만 쉬운 일이 아니었다.

　이렇게 답답한 상황에서 해결사처럼 등장한 인물이 바로 이예다. 이예는 1396년, 왜구의 침입으로 지주사 이은과 함께 대마도로 끌려간 울주(지금의 경상도 울산) 향리였다. 그리고 다음 해, 울주 아전 이도와 박언이 대마도로 가서 이은을 구출해 낸 공로로 상을 받았다. 이름이 언급되지는 않았지만 이예 역시 이때 함께 조선으로 돌아온 것으로 보인다.

　대마도에서 돌아온 이예는 대일 외교 전선에 뛰어들었다. 창과 칼을 쓰지 않았다 뿐이지 결코 쉽지 않은 싸움이었다. 하지만 이예는 두려워하지 않았다. 지방 향리였던 이예가 어떤 과정을 거쳐 외교 업무를 보게 되었는지는 확실하게 알 수 없다. 하지만 자신이 직접 포로로 끌려갔던 경험은 일본으로 잡혀간 백성들의 송환에 최선을 다하게 만들었을 것이다. 게다가 이예는 어린 시절, 어머니가 왜구에게 납치당해 영영 이별하게 된 개인적인 아픔도 가지고 있었다. 일본에 가는 사절단을 따라가 어머니의 행방을 찾아보았지만 결국 실패한 경험이 어쩌면 그의 운명을 결정했을지도 모르겠다.

「해동제국기」 중 일본 지도 부분 ⓒ문화재청

이예는 먼저 1401년에 일기도(이키도)에 가서 포로로 끌려간 50명의 백성들을 데리고 돌아왔다. 그다음에는 일본 본토로 가서 백성들을 송환하는 일에 주력했다. 조선 초기 대일 외교의 핵심은 백성들의 송환과 왜구 침입의 근절이었다. 이예는 전자의 임무를 아주 성공적으로 수행했다.

그러나 아쉽게도 그가 일본과 어떤 식의 협상으로 백성들을 송환시켰는지는 알 수 없다. 다만 대마도 정벌이 감행되었던 시기라는 점을 감안하면, 당근과 채찍을 병행하면서 송환 업무를 성공적으로 이끌었다고 추측할 수 있다. 유창한 일본어

대일 외교의 달인

실력을 갖춘 이예는 일본의 상황과 일본인들의 관습을 파악한 후 그에 맞는 협상을 진행했을 것이다.

그는 일본뿐만 아니라 당시에는 독립국이었던 유구국 역시 갔었다. 유구국에도 팔려 간 백성들이 있었기 때문이다. 그 사실을 보고받은 태종이 직접 명령을 내렸다.

"듣자 하니 왜구들이 유구국에 팔아 버린 백성들이 많다고 한다. 호군 벼슬을 지낸 이예를 사신으로 파견해서 즉시 돌아올 수 있도록 하라."

그런데 태종의 명령을 받은 신하들은 반대에 나섰다.

"전하! 유구국까지는 바닷길이 한참 멉니다. 더군다나 사신을 보내는 비용이 만만치 않사옵니다. 그러니 명을 거두어 주시옵소서."

신하들의 이야기를 들은 태종은 벌컥 화를 낸다.

"고향 땅을 그리워하는 것에는 귀하고 천함이 없다. 만약 귀한 집의 자식이 납치되어 끌려갔다면 너희들이 번거롭고 돈이 드는 것을 따졌겠는가?"

지배층의 속성과 이기심을 그대로 꿰뚫어 본 태종의 어명은 이예에게 전달되었다. 그리고 1416년, 유구국으로 가서 44명의 백성들을 데리고 돌아온다. 신하들이 사신 파견을 반대한 이유는 비용 문제뿐만 아니라 이 일의 성공 가능성이 높지 않다는 점도 있었을 것이다. 하지만 이예는 이 모든 나쁜 조건을 극복하고 주어진 임무를 잘 수행하여 결국 백성들을 데리고 돌아왔다.

　이예는 그 뒤로도 대마도와 일기도, 일본 본토를 드나들면서 백성들을 송환하는 일에 주력한다. 그가 데리고 돌아온 백성들의 수가 667명에 달한다고 하니 얼마나 오랜 기간 공을 들였는지 알 수 있다.

　이예는 백성을 송환하는 일뿐만 아니라 왜구 침입에 관한 정보를 수집하고, 일본 내부의 상황을 파악하는 임무도 수행했다. 일본 내부의 상황을 파악하는 것은 조선의 대일 외교 정책을 수립하는 데 대단히 중요했다. 반대로 일본에게 조선은 중요한 교역 상대국이자 선진 문물을 받아들이는 창구로서의 가치가 컸다. 이 때문에 양측은 치열한 외교전을 전개했다.

　1410년 5월 13일자 『태종실록』에는 그 흔적이 여실히 드러나 있다. 조정에서 이예를 대마도로 파견하면서 대마도주 종정무에게 왜구를 잘 막아 준 것에 대한 감사의 표시로 쌀과 콩을 보낸다. 종정무가 조선에 귀화한 일본인 평도전에게 넌지시 건넨 편지 때문이었다. 종정무는 자신이 왜구를 단속하는데도 예전에 비해 별다른 보답이 없다고 투덜거리면서 그에게 휴가를 받아 돌아오라는 내용을 전달했다. 평도전이 그 내용을 조정에 알리자 그를 달래기 위해서 이예를 파견했던 것이다.

　왜구의 중간 기지 역할을 하는 대마도는 조선의 골칫거리였다. 그런데 대마도가 왜구를 단속하기 시작하자 조선이 상대적으로 안전해진 것 또한 사실이었다. 조정에서는 대가를 요구하

대일 외교의
달인

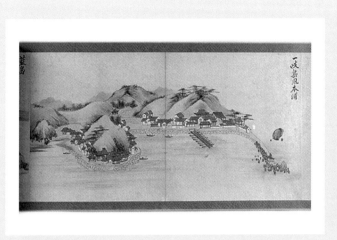

일본 통신사 ©국립중앙박물관

는 대마도주에게 성의를 보여야 할 필요가 있었다. 이예는 종
정무에게 쌀과 콩을 건네고, 조정의 뜻을 전달하면서 계속 왜
구를 단속해 달라고 요청했다.

　이런 식의 물밑 거래는 양국의 계산과 이익에 따라 치열하고
뜨겁게 전개되었고, 이예는 능동적으로 그 역할을 맡았다. 아울
러 1419년, 조선의 대마도 정벌 때 중군병마부수사가 되어 사령
관인 이종무를 보좌하기도 했다. 대마도를 제 집처럼 드나들어
서 지형과 기후에 익숙한 그의 역할이 컸을 것이다.

세종대왕 때 이루어진 대마도 정벌과 활발한 대일 외교 활동
은 1443년 맺은 '계해조약'이라는 결과물로 나타났다. 일본에
통신사로 파견되었던 변효문이 돌아오는 길에 대마도에 들러
서 대마도주 종정성과 맺었다. 계해조약은 대마도나 일본에서
무분별하게 보내는 사신이나 상인들의 수를 정하고, 무역 역시
일정 규모로 제한하는 무역 조약이다.

- 일본이 조선으로 보내는 세견선(무역선)은 1년에 50척으
  로 한다.
- 선원 수는 대선 40명, 중선 30명, 소선 20명으로 정하고
  이들에게 식량을 지급한다.
- 삼포에 머무르는 날짜는 20일로 정한다.
- 대마도주에게 주는 쌀과 콩은 200석으로 한다.

비용 낭비를 막고 대일 무역을 통제하려던 조선의 뜻과 교
역의 주도권을 잡고 싶어 하는 종정성의 뜻이 일치하면서 만든
결과였다. 계해조약 성사 뒤에는 이예 같은 외교 실무자들의
부단한 노력이 밑바탕에 깔려 있었다.

무엇보다 잊지 말아야 할 것은 그가 일본으로 끌려간 수백
명의 백성들을 송환하는 데 앞장섰다는 점이다. 태종과 신하들
이 유구국에 이예를 파견하는 문제를 두고 나눴던 이야기에서

46

대일 외교의
달인

알 수 있듯이, 당시 지배층은 백성들의 안위에 크게 관심이 없었다. 대일 외교 정책에서 백성들의 송환은 중요성이 떨어지는 일이었다. 하지만 이예는 마치 자기 가족이 끌려간 것처럼 발 벗고 나섰으며, 많은 백성들을 데리고 돌아오는 데 성공했다. 어쩌면 집으로 돌아와 기뻐하는 백성들의 모습에서 영원히 헤어진 어머니의 모습을 발견했을지도 모르겠다.

◉ **대마도 정벌:** 고려 말부터 조선 초까지 왜구를 근절하기 위해 대마도를 정벌한 일. 1389년(창왕 1년), 1396년(태조 5년)과 1419년(세종 1년) 총 세 차례에 걸쳐 이루어졌음.

◉ **향리:** 고려·조선시대에 지방의 행정 실무를 담당했던 하급 관리를 가리키는 말.

◉ **무로마치 막부:** 1336년, 아시카가 다카우지가 일본 교토의 무로마치에 세운 막부로 1573년에 망함. 막부는 쇼군이 실질적 통치권을 가지며, 천황은 상징적 존재인 정부 형태를 뜻함.

해동제국기

예나 지금이나 일본은 가깝고도 먼 나라였다. 신숙주는 1443년에 통신사 서장관이 되어 일본에 다녀온 경험을 바탕으로 1471년, 『해동제국기』를 썼다. 이 책은 조선이 일본에 얼마나 관심을 기울였는지 보여 주는 명확한 증거다. 당시 영의정이었던 신숙주는 대일 정책을 책임지는 입장이었다. 따라서 이 책은 단순한 여행기가 아니라 일본의 국내 정세와 풍습, 생활상, 지형을 담은 종합 보고서의 성격이 강하다.

『해동제국기』에서 '해동제국'은 조선의 대일 교역 창구 역할을 하던 구주와 본국, 대마도와 일기도, 유구국을 총칭하는 말이다. 무엇보다 해당 지역의 지도가 포함되어 있다는 점이 눈에 띈다. 그중 일본 본국 지도는 신숙주가 일본 승려로부터 입수해 인쇄한 지도인데, 우리나라에서 만든 가장 오래된 일본 지도이자 세계 최초로 인쇄된 일본 지도이기도 하다.

그 밖에도 눈여겨볼 만한 내용들이 많은데, 일본과의 외교 정책을 어떻게 추진해야 하고, 어떤 점을 주의해야 하는지에 대해서 자세히 정리해 놓았다. 유명무실한 천황 대신 막부가 지배권을 행사하면서도, 한편으로는 지방 영주인 다이묘들이 어느 정도 자치권을 가지고 있기 때문에 여차하면 칼을 들고 저항할 수 있다는 일본 특유의 상황 등에 대해 상세하게 설명하고 있다.

상대방에 대한 이해가 외교의 첫걸음이라는 점을 감안한다면, 당시로서는 대단히 유용하고 필요한 정보들이 담겨 있다고 할 수 있다. 실제로 『해동제국기』는 조선 초기에 대일 외교 정책의 참고서로 활용되었다. 성종은 이 책에 나온 내용을 토대로 일본에서 온 사신에게 국내 정세에 대해서 물었다. 또 일본에 가는 통신사에게 『해동제국기』의 내용을 참고로 일본 내부 정세를 조사하고, 달라진 점이 있으면 반드시 보고하라는 지시를 내린다. 아울러 왜인들을 접대하는 방식이나 세견선의 수에 대해서도 『해동제국기』에 나온 내용을 참고했다. 이 책은 에도 막부 시절에 일본에 소개되어서 눈길을 끌기도 했다.

Story 4

백성을
편안케 하리라

: 세종대왕의 공법 시행(1429년)

직접 살펴보고 세금을 책정하다

조선시대에 토지는 단순한 재산 그 이상의 가치를 가진다. 다른 산업이 아예 존재하지 않거나 역할이 아주 작았던 시대에 토지를 이용한 농업은 유일한 산업이자, 모든 사람들을 먹고살게 만들어 주는 중요한 산업이었기 때문이다. 그래서 오래도록 가뭄이 들면 임금은 자숙한다는 뜻에서 반찬의 수를 줄였고, 기우제를 거행했다. 심지어 태종 이방원이 유언으로 비가 내릴 것이라고 이야기하자 거짓말처럼 비가 내렸다는 '태종우 전설'도 존재한다.

조선은 과전법의 기반 위에 탄생한 나라였다. 이성계라는 출

신이 미천한 군인과 소수의 신흥사대부들이 고려를 무너뜨릴 수 있었던 결정적 이유는 고려 말기에 전시과를 폐지하고 토지 개혁을 실시했기 때문이다.

전시과는 모든 관리들에게 온 나라의 토지에서 세금을 거둘 수 있는 권리, 즉 수조권을 주던 고려의 토지 제도였다. 이성계 와 신흥사대부 세력은 관리들의 수조권을 경기도 토지로 한정 하고, 세습을 금지하는 과전법을 시행해서 농민들에게 토지 경 작권을 보장해 주었다. 그 결과로 백성들의 지지를 얻고, 한발 더 나아가 국가가 직접 세금을 걷어서 통제력을 강화할 수 있 었다. 국가가 농민 개개인을 통제할 수 있게 된 것은 조선이 중앙 집권제로 나아가게 된 결정적인 발판이 되었다고 평가받는다. 따라서 토지의 고른 분배와 적당하면서도 불만 없는 세금 징수는 국가의 중요 정책이 될 수밖에 없었다.

이성계와 신흥사대부 세력이 택한 토지세 징수 방식은 '답험손실법(踏驗損實法)'으로, 고려 공양왕 때인 1391년에 과전법 발표와 함께 실시되었다. 그 내용을 살펴보면 농사 수확량의 10분의 1을 세금으로 걷는 것을 기본 원칙으로 하되, 수확량의 많고 적음에 따라 세금을 감면해 주는 것으로 조절했다. 수확 결과는 지방 관리가 현장에 직접 나가 조사하여 보고했다. 언뜻 보면 나쁘지 않은 방법이었지만, 세종대왕이 보기에는 굉장히 문제가 많았다.

답험손실법의 문제점

답험손실법은 사실상 정확한 수확량 파악이 불가능했다. 현장에 나가서 확인해야 하는 지방 관리들이 학연, 지연, 뇌물 등을 이용해 청탁하는 토지 소유주들의 수확량을 슬쩍 감해 주거나 반대로 마음에 들지 않는 토지 소유주에게는 세금을 과다하게 매기는 경우가 많았다. 관리와 토지 소유주 간에 개인적인 관계가 만들어지면서 국가가 농민을 직접 통제한다는 방침에도 어긋났다.

이런 문제점을 해결하기 위해 세종대왕이 생각한 해답은 '공

세종 나라, 세종 겨레를 만들다

백성을
편안케 하리라

법(貢法)'이었다. 공법은 중국 하나라 때 세금을 걷던 방식으로, 여러 해의 수확량을 헤아려 일정한 세금을 매기는, 수확한 곡물에 대한 정액세법이다. 관리가 따로 나가서 눈으로 확인하는 절차를 거치지 않기 때문에 뇌물 문제나 담합할 여지가 전혀 없었다. 즉, 답험손실법은 '사람'이 처리하는 방식이었다면 공법은 '시스템'으로 처리하는 방식이었다. 세종대왕은 답험손실법의 몇 가지 문제점에 주목했고, 해결책으로 공법을 내놓은 것이다.

세종대왕은 1427년, 과거 시험장에서 본격적으로 공법에 대한 논의를 시작했다. 창덕궁 인정전에 행차하여 과거 문과 시험을 치르는 선비들에게 공법에 관한 내용을 책문 문제로 낸 것이다. 책문은 지금으로 치면 논술 시험이라고 할 수 있다. 임금이 낸 문제에 응시자가 글로 답하는 시험인데, 주로 국가의 중요한 현안이나 앞으로의 정책 방향에 대한 질문이 많았다. 세종대왕은 시험장에서 중국 하나라의 공법을 우리 실정에 맞추려면 어떻게 해야 하는지 질문을 던졌다.

"과인이 묻노라. 예로부터 제왕의 정치는 반드시 한 시대의 제도를 마련하는 것이다. 토지 제도에 관한 법은 어느 시대에 시작되었는가? 하나라는 공법을 택했고, 은나라는 조법을 시행하고, 주나라는 철법을 제도로 삼은 것이 책에 나와 있다. 이때의 법을 오늘날에도 시행할 수 있겠는가?"

그리고 마지막에 좋은 의견이 있으면 장차 채택해서 시행하겠다는 말을 남긴다. 조선에서 공법을 시행하고 싶어 했던 세

책문의 모범 답안을 모아 엮은 책 ©국립민속박물관

종대왕의 집념이 느껴지는 부분이다.

좀처럼 시행되지 못하는 공법

하지만 공법의 시행은 쉽지 않았다. 일단 농민과 토지 소유주들의 반대가 만만치 않았다. 답험손실법은 인맥이나 뇌물을 통해 부과되는 세금을 줄일 수 있는 반면, 서류만으로 처리되는 공법은 그런 방식을 쓸 수 없었다. 아울러 조선 초기에는 아직 모내기를 하는 이앙법이 널리 퍼지지 않았고, 농사를 지었

다가 지력(농작물을 길러 내는 땅의 힘)이 떨어지면 회복될 때까지 기다리는 휴한농법이 계속 시행되었다는 점도 불안감을 높였다. 휴한농법으로 곡식을 재배하면 수확량이 들쭉날쭉한 경우가 많았다. 따라서 일괄적으로 세금액을 매기는 공법에 대한 불안감이 클 수밖에 없었다. 더군다나 세종대왕의 재위 기간에는 흉년과 재해가 잦았다.

세종대왕은 공법을 시행할 때 일어날 반발을 헤아려 신중한 모습을 보여 주었다. 1428년, 좌의정 황희에게 공법의 문제점을 파악하라고 지시한 것이다. 황희는 공법을 적용하되 기준으로 삼을 수확량을 미리 정하고, 풍년과 흉년의 수확량에 따라 3등급으로 구분해서 걷는 보완책을 사용해야 한다고 건의했다. 호조판서 안순 등이 보완책에 찬성하면서 점차 공법의 기틀이 잡혀 나갔다.

1430년, 재정을 담당하는 호조에서 공법의 시행을 정식으로 보고한다. 전답 1결당 세금으로 곡식 10말을 거두되, 날씨가 춥고 토지가 척박한 평안도와 함길도(함경도)는 1결당 7말을 거두는 방식을 채택하자고 건의한다. 그 밖에 농사를 망쳐서 수확량이 아예 없는 경우는 세금을 면제하는 방안을 추가했다. 호조의 보고를 받은 세종대왕은 공법을 시행하기 전에 먼저 백성들의 의견을 묻도록 지시했다.

"의정부와 육조, 각 관사와 한성의 각 품관은 물론, 각 도의 감사와 수령으로부터 여염의 백성에 이르기까지 모두의 의견을 물어서 아뢰게 하라."

그 결과물이 바로 1430년 8월 10일자 『세종실록』에 기록된 '여론 조사' 혹은 '투표'였다. 좌의정 황희와 우의정 맹사성을 비롯해서 집현전 부제학 정인지, 병조판서를 역임했던 조말생 같은 전·현직 고위 관리는 물론, 하급 관리들과 지방의 수령들이 각자 찬성과 반대 의견을 보고했다. 이 과정에서 가장 중요하고 눈에 띄는 점은 실제 징수 대상자인 농민들의 찬성과 반대 여부를 일일이 묻고 기록에 남겼다는 점이다.

5개월에 걸친 여론 조사 결과, 공법에 찬성하는 사람이 9만 8,657명이었고, 반대하는 사람이 7만 4,149명이었다. 비록 관리들만 찬성과 반대 이유를 말했으나 찬반 표를 집계할 때는 관리와 농민 모두 공평하게 한 표씩 계산했다. 다만 오늘날처럼 무기명 비밀 투표는 아니고, 관아에 나온 농민들이 찬성과 반대 의견을 표현하면 아전들이 표시하고 정리해서 보고하는 방식이었을 것이다. 그렇다고 해도 왕조 국가 시절에 통치자가 세금 징수 대상자들의 의견을 직접 듣고 정책에 반영하고자 했다는 점은 대단히 높이 평가할 만하다.

세종대왕이 유달리 대단한 점은 9만 명이 넘는 찬성 의견보다 7만 4,149명의 반대 의견에 눈길을 주었다는 것이다. 그 숫자 안에 있는 백성들의 두려움을 이해한 세종대왕은 일단 공법 시행을 보류한다. 주도면밀한 세종대왕은 공법상정소를 설치해 법령을 정비하고, 반포하기 전까지 만반의 준비를 한다. 그리고 1436년, 각 지역의 토지 비옥도를 3등급으로 한 공법을 시행하도록 명령했다.

세종이 나라, 세종의 지도력을 보았다

백성을
편안케 하리라

하지만 다음 해 『세종실록』을 보면 공법이 공식 반포되었으나 시행되지 않은 것으로 보인다. 관리들의 반대가 너무 심했기 때문일 것이다. 세종대왕은 지지부진한 공법을 어떻게든 시행하려고 했지만, 이후에도 지방의 수령들이 흉년 등을 이유로 답험손실법을 건의하는 등 반발이 만만치 않았다. 결국 공법은 중단되고 다시 답험손실법으로 돌아갔다.

"각 도의 조세는 공법의 방식을 버리고 예전처럼 손실법을 시행하여 민생을 안정케 하라."

하지만 집념의 세종대왕이 공법을 포기한 것은 아니었다. 1438년 8월, 상대적으로 토지가 비옥하고 수확량이 안정적인 전라도와 경상도에서 공법을 시범 실시한 것이다. 이때도 농민의 3분의 2가 찬성하면 공법을 시행하겠다는, 지극히 군주답지 않은 모습을 보여 주었다.

백성들의 저항과 공법의 시행 과정

전라도와 경상도에서 시범 실시한 공법 역시 농민들의 반대에 부딪치고 말았다. 세종 22년인 1440년 9월, 경상도 농민 1,000여 명이 등문고를 치면서 공법 폐지와 답험손실법 부활을 건의했다. 하지만 세종대왕은 농민들의 청원을 거절했다. 등문고는 신문고의 이전 명칭으로 태종 때 처음 설치되었다. 억울한 사정을 가진 백성들이 북을 치면 궁궐의 관리가 나와서 듣는 제도였다.

이렇게 많은 수가 공법의 시행을 반대하기 위해 한양에 올라왔다는 것도 신기하고, 등문고를 치면서 시위를 벌였다는 사실은 더더욱 신기하다. 여론 조사나 투표, 그리고 시위는 개인이 모두 평등한 권리를 가지고 있다는 것을 전제로 한 민주주의 국가에서만 가능한 일이라고 믿기 때문이다. 물론 이런 여론 조사와 시위는 세종대왕 때 공법의 시행을 둘러싼 특이한 일이었다. 따라서 이 사실만 가지고 조선이 민주주의의 기반을 다지고 있었다거나 개인의 권리가 보장되었다고 볼 수는 없다. 그러나 새로운 정책이 시행되면서 생길 수 있는 부작용을 최대한 줄이고, 당사자들의 의견에 귀 기울이겠다는 자세만큼은 높이 평가해야만 한다.

이후에도 공법을 둘러싼 논쟁은 계속 이어졌고, 보완책을 마련하는 데 많은 시간이 걸렸다. 마침내 토지의 비옥도와 수확량에 따라 등급을 나누는 방식으로 보완하는데, 원래 공법과는 상당히 거리가 먼 방안이었다. 조선 사회의 특별한 사정을 고려하면 중국의 세법을 그대로 따라 할 수는 없었다.

세종대왕은 공법의 전면적인 시행을 보지 못하고 1405년 승하했다. 그리고 그해에 전라도를 시작으로 경기도와 충청도, 경상도로 차츰 적용 범위가 넓어졌다. 황해도까지 확대된 것은 성종 때였고, 강원도와 평안도를 거쳐 1489년에는 함길도에 공법이 적용되었다. 1427년, 세종대왕이 공법 시행에 관한 책문을 낸 이후 60년 만의 일이었다. 공법은 쉼 없는 토론과

세종 나라, 세종 제도를 만들다

백성을
편안케 하리라

고민, 백성에 대한 배려와 의견 수렴이 만들어 낸 정책이었던 셈이다.

◉ **공법상정소:** 1436년, 답험손실법의 폐단을 바로잡으려고 만든 공법을 심의하고 연구하기 위해 설치한 기관.

◉ **결:** 세금을 계산할 때 쓰던 논밭 넓이의 단위. 1결은 1동의 열 배로 그 넓이는 시대에 따라 달랐음.

◉ **품관:** 고려와 조선시대에 품계(벼슬의 등급)를 가진 벼슬아치를 통틀어 이르던 말.

또 하나의 공법, 대동법

조선 전기의 대표적인 세법이 공법이라면, 후기의 대표적인 세법은 대동법이라고 할 수 있다. 조선의 세금 징수 방식은 당나라의 '조용조(租庸調)' 체제를 빌려 왔다. 조(租)는 토지에 부과하는 세금으로, 세종대왕이 시행하려던 공법이 바로 여기에 해당된다. 용(庸)은 요역과 군역으로, 궁궐을 짓거나 성곽을 쌓는 일에 백성을 동원하는 요역과 군인으로 징발하는 군역을 말한다. 마지막으로 조(調)는 지역의 특산품을 바치는 것으로 공납이라고도 불렸다.

이 가운데 공납의 폐해가 날이 갈수록 심해졌다. 지역의 특산품을 바친다는 것만 정해져 있을 뿐, 수량이 명확하지 않았기 때문에 관리들이 백성을 속일 여지가 많았다. 특히 지방의 세력가들은 관리들과 결탁해서 자신에게 부과된 공납을 힘없는 백성에게 떠넘기는 일이 잦았다. 더군다나 불산 공물이라고 해서 해당 지역에서 나지도 않는 특산품을 바쳐야 했다. 관리들과 결탁한 상인들이 대신 공납을 바치고, 백성들에게 이자를 붙여서 받는 방납(대납)도 있었다. 사실상 백성들만 이중, 삼중으로 고통을 겪어야만 했다.

그러자 조선 중기인 선조 때부터 공납의 폐해를 해결해야 한다는 목소리가 나오기 시작했고, 임진왜란 이후 재정이 고갈되면서 공납을 쌀로 대신하게 되었다. 바로 대동법의 시초였다. 공납할 특산품을 구하거나 방납 비용을 대기 위해 허리가 휘어지던 백성들에게 환영받았다. 특산품에 비해서 쌀은 구하기 쉽고 가격 변동도 심하지 않았기 때문이다.

선조 때 시작된 대동법은 광해군을 거쳐서 숙종 때 전국적으로 시행된다. 대동법 시행이 이렇게 오래 걸린 이유는 공법과 마찬가지로 기득권층의 저항과 백성들의 불안감 때문이었다. 특히 방납으로 이익을 보던 지방의 향리층과 그들과 결탁한 상인들의 반발이 심했으며, 지방의 사대부들 역시 만만치 않게 저항했다. 하지만 대동법 역시 공법처럼 시간이 오래 걸리기는 했지만, 결국 반대를 뚫고 시행되면서 백성들의 부담을 줄여주었다.

Story 5

피비린내 나는
복수극의 이면

: 폐비 윤씨를 둘러싼 연산군의 광기(1504년)

피로 물든 궁궐

폭풍 같은 밤이었다. 집에서 잠을 자던 안양군 이항과 봉안
군 이봉은 갑자기 의금부로 끌려가 목에 칼이 씌워진 채 감옥
에 갇혔다. 잠시 후, 승지가 찾아와서 매를 때리고 유배를 떠나
라는 왕명을 전했다. 어리둥절해하는 두 사람에게 이번에는 입
궐하라는 명령이 떨어졌다. 영문도 모른 채 창경궁으로 끌려온
안양군과 봉안군 앞에 곤룡포를 입고 장검을 움켜쥔 연산군이
나타났다. 화들짝 놀란 두 사람이 바닥에 납작 엎드리자 연산
군이 껄껄 웃었다.

"많이 놀랐느냐? 너희들이 처리할 죄인이 있어서 불렀다. 따

62

르거라."

갑작스러운 연산군의 이야기에 안양군과 봉안군은 서로 얼굴만 쳐다봤다. 연산군이 거듭 명령을 내리자 그제야 서둘러 따라갔다. 창경궁 정전인 명정전 뜰로 들어서자 의자에 묶인 죄인 둘이 보였다. 이미 심한 매질을 당했는지 축 늘어져 있었는데 주변이 어두컴컴해서 누군지 알아볼 수 없었다. 그 앞에 선 연산군이 눈짓하자 금위군이 쇠몽둥이를 두 사람 앞에 던졌다. 엉거주춤한 두 사람에게 연산군이 말했다.

"쇠몽둥이를 들어서 오른쪽에 있는 죄인의 머리를 힘껏 쳐라!"

"저, 전하. 갑자기 무슨 일이시옵니까?"

안양군이 떨리는 목소리로 묻자 연산군이 거듭 재촉했다.

"나라에 큰 죄를 지은 자다. 어서 쳐라!"

"하, 하오나……."

"지금 과인의 명을 거역하겠다는 것이냐!"

연산군이 성마른 표정을 지으며 화내자 안양군은 냉큼 쇠몽둥이를 집어 들고 죄인 앞에 섰다. 머리에 천을 뒤집어쓴 죄인은 의식을 잃었는지 아무 기척이 없었다. 등 뒤에서 연산군이 어서 치라는 말을 반복하자 안양군은 눈을 질끈 감고 쇠몽둥이를 휘둘렀다. 퍽 하는 소리와 함께 죄인이 짤막한 비명을 질렀다. 어딘지 모르게 낯익은 목소리라는 생각에 고개를 갸우뚱하던 안양군이 물러나 연산군을 바라봤다. 흡족한 표정을 지은 연산군이 이번에는 봉안군을 바라봤다.

"이제 네 차례다!"

연산군의 재촉에 쇠몽둥이를 들고 죄인에게 다가간 봉안군이 갑자기 눈물을 쏟았다. 쇠몽둥이를 내동댕이친 봉안군이 죄인 앞에 무릎 꿇으며 소리쳤다.

"어! 어머니!"

그 소리에 놀란 안양군이 죄인의 머리를 감싼 천을 황급히 풀어 헤쳤다. 그리고 짤막한 비명을 지르며 주저앉고 말았다.

"아, 아이고."

죄인은 바로 안양군과 봉안군의 어머니 귀인 정씨였다. 두 아들은 무릎 꿇고 오열했다. 그 모습을 지켜보던 연산군은 봉안군이 내동댕이친 쇠몽둥이를 집어 들고 다른 죄인에게 다가갔다. 그리고는 차가운 표정으로 피가 튀고 뼈가 바스러지는 소리가 들릴 때까지 머리를 내리쳤다. 연산군은 크게 한숨을 쉬고는 쇠몽둥이를 내동댕이쳤다. 울고 있는 안양군과 봉안군의 상투를 양손에 움켜쥐고 대비전으로 향했다. 횃불을 든 금위군과 내관들이 무표정한 얼굴로 그 뒤를 따랐다.

인수대비와 연산군

대비전을 지키던 궁녀들은 안양군과 봉안군을 끌고 오는 연산군을 보고 입을 다물지 못했다. 대비전으로 들어선 연산군이 큰 목소리로 외쳤다.

서로를 낳아, 서로를 해치를 발한다

64

피비린내 나는
복수극의 이면

"대비마마! 사랑하는 손자들이 왔는데 어찌 나와 보지 않으십니까! 대비마마! 어서 나오소서!"

연산군이 연거푸 재촉하자 인수대비가 마지못해 나왔다. 궁녀의 부축을 받으며 대청에 선 그녀를 노려보던 연산군이 발밑에 안양군과 봉안군을 내팽개쳤다.

"손자들이 찾아와 인사하는데 어찌 답례가 없으십니까?"

연산군의 살기 어린 말에 인수대비가 차가운 말투로 대답했다.

"잠시만 기다려라."

그녀의 눈짓을 받은 궁녀가 방으로 들어가서 베를 두 필 들고 왔다. 인수대비가 연산군을 바라보며 말했다.

"창졸간에 답례품을 내놓으라고 하니 급한 대로 이것을 주마. 이제 그만하여라."

"그만하라니요! 이제 시작인데 말입니다."

희롱하는 표정으로 대꾸한 연산군이 인수대비를 노려보다가 외쳤다.

"대비마마는 어찌 제 어머니를 죽이셨습니까!"

벼락 같은 그의 이야기에 인수대비는 물론 안양군과 봉안군, 그리고 지켜보던 궁녀들 모두 아무 말도 하지 못했다. 연산군이 즉위했을 때부터 불안해하던 그 사건이 마침내 터진 것이다. 며칠 전, 폐비 윤씨에게 사약을 들고 간 이세좌와 그의 일족을 잔혹하게 처단한 연산군이 마침내 할머니인 인수대비에게까지 행패를 부린 것이다. 인수대비는 주먹을 쥐고 부르르 떨었지만 아무 대꾸도 하지 못했다. 그런 모습을 재미있다는 듯 지켜보던 연산군은 코웃음을 치며 뒤따르던 승지에게 명령을 내렸다.

"과인의 어머니를 모함하고 죽음으로 몰고 간 귀인 정씨와 귀인 엄씨를 죽인 후 그 시신을 찢어서 젓갈을 담가 산과 들에 뿌려 버리도록 하라."

연산군의 시선은 대비전 앞에 엎드린 안양군과 봉안군에게 향했다.

"그리고 과인의 명령대로 죄인을 친 안양군 이항에게 길든 말을 한 필 하사하라."

안양군은 어머니의 머리를 내리쳤다는 죄책감에 고개를 숙인 채 크게 울었다. 그러자 연산군이 차갑게 말했다.

"슬프냐? 나는 지금껏 어미가 어찌 죽었는지 몰라 슬퍼하지도 못했다. 대비부터 대신들까지 모두 과인을 능멸하는 것이 이와 같으니 나라가 어찌 될지 참으로 걱정이로구나."

말을 마치고 미친 듯이 웃은 연산군은 울고 있는 안양군과 봉안군을 대비전에 놔둔 채 밖으로 사라졌다.

연산군, 어머니의 죽음과 마주하다

조선시대 27명의 임금 중에 반정으로 폐위된 사람은 연산군과 광해군 두 명이다. 왕위에서 쫓겨났기 때문에 당연히 죽은 후에 묘호를 받지 못했고, 역사에는 '대군'으로 기록되었다. 그

피비린내 나는
복수극의 이편

나마 광해군은 역사적으로 재평가하려는 움직임이라도 있지만 연산군은 글자 그대로 폭군으로서 역사에 남게 된다. 가장 결정적인 이유는 어머니 폐비 윤씨의 죽음을 알고 난 후 참혹한 보복을 감행했기 때문이다.

'갑자사화'라고 불리는 이 사건으로 인해 목숨을 잃은 사람만 무려 100명이 넘는다. 윤씨를 폐하는 데 찬성하고 사약을 내리는 일에 관여한 훈구파 대신들이 특히 큰 피해를 입었다. 당시 폐비 윤씨를 모함했던 아버지 성종의 후궁 귀인 엄씨와 정씨를 잔혹하게 고문한 것도, 귀인 정씨의 아들이자 이복동생들인 안양군과 봉안군을 불러 어머니를 때리라고 종용한 사건 역시 보복의 일종이었다. 아무것도 모르고 어머니를 때린 안양군에게는 말을 한 필 하사했다. 그런데 일주일 후 유배를 보내고, 다음 해에 처형한 것을 보면 다분히 조롱의 의미가 담겨 있다고 할 수 있다.

우리는 이 모든 일이 뒤늦게 어머니의 죽음에 얽힌 비밀을 안 이후에 벌어진 것으로 알고 있다. 연산군을 주인공으로 하는 영화나 텔레비전 사극 대부분은 연산군이 어머니의 죽음을 둘러싼 비밀을 알게 된 뒤 갑자기 광기가 폭발한 것으로 묘사한다. 심지어 인수대비를 찾아가서 협박하다가 머리로 들이받아 결국 죽음에 이르게 했다는 야사도 전해진다.

하지만 연산군은 즉위 직후에 이미 어머니의 죽음에 대해 알고 있었다.『연산군일기』에 그 시기가 정확하게 나와 있다. 연산군이 성종의 뒤를 이어 즉위한 지 한 해가 지난 1495년 3월

16일이다.

"도승지! 아바마마의 행장록에 나오는 판봉상시사 윤기견이라는 자가 누구냐? 혹시 영돈녕 윤호를 잘못 쓴 것이냐?"

연산군의 질문을 받은 도승지는 주저하다가 입을 열었다.

"윤기견은 폐비 윤씨의 아비 되는 자인데 윤씨가 왕비로 책봉되기 전에 죽었습니다."

"폐비 윤씨는 어찌 되었느냐?"

마른침을 삼킨 도승지가 대답했다.

"사가로 폐출되었다가 사약을 받고 죽었다고 하옵니다."

도승지의 대답을 들은 연산군은 행장록에서 눈을 떼지 못했다. 연산군의 생모인 폐비 윤씨의 사사는 조정을 뒤흔든 사건이었다. 성종은 폐비 윤씨 문제를 더 이상 언급하지 말라며 엄명을 내렸고, 대신들 역시 알아서 입을 다물었다. 하지만 연산군이 사실을 알아차리고 만 것이다. 그 사실에 충격받았는지 연산군은 그날 하루 종일 식사하지 않았다. 다들 걱정했지만 이후에 별다른 일이 없어 잊어버리고 있었다. 10년 후, 갑자년(1504년)에 무시무시한 폭풍이 불어닥치기 전까지는 말이다.

광기 어린 천재 연산군

그렇다면 연산군은 왜 어머니의 복수를 10년씩이나 미룬 것일까? 남겨진 기록이 너무 극적이긴 하지만 다분히 계산적이

페비린내 나는
복수극의 이면

었다. 연산군은 사악하면서도 동시에 굉장히 똑똑한 인물이기도 했다. 초계 군수 유인홍의 딸이 피살당했을 때 명탐정이 되어 사건을 파헤친 적도 있다. 유인홍은 딸이 스스로 목숨을 끊었다고 말했다. 그러나 연산군은 그의 첩이 남자 종과 바람피우는 현장을 목격한 딸을 죽였다는 사실을 명확하게 밝혀냈다. 아울러 유인홍이 첩을 지키기 위해 위증하고 종들을 협박했다는 것까지 밝혀내어 처벌했다. 이때 첩을 아끼고 딸을 가볍게 여겼다면서 새가 죽어도 슬퍼하는 게 사람의 도리인데 어찌 그럴 수 있느냐며 혀를 찬다. 폐비 윤씨의 죽음과 견주면서 감정이입했던 것으로 보인다.

연산군은 즉위 초기에는 별다른 문제를 일으키지 않았다. 오히려 성군의 자질을 엿볼 수 있는 모습까지 보였다. 하지만 그의 마음속에는 한 단어가 용암처럼 들끓고 있었으니 바로 '능상'이다. "아랫사람이 윗사람을 업신여김."이라는 뜻의 능상은 연산군이 툭하면 꺼내는 마법의 단어였다. 성종이 신하들에게 지나치게 휘둘리는 모습을 보면서 느꼈을 수도 있고, 자신이 임금인데도 왜 신하들에게 시달리며 공격당해야 하는지 이해하지 못했기 때문일 수도 있다. 성종이 참고 인내하는 방법으로 해결책을 찾았다면, 연산군은 사람들을 처벌하는 쪽으로 해답을 찾았다.

그가 일으킨 첫 번째 사화는 '무오사화'다. 김종직이 쓴 「조의제문」이 『성종실록』에 실리며 시작되었다. 중국 진나라가 멸망하고 여러 나라가 다툼을 벌이던 시절, 초나라 장수 항우가

연산군의 묘 ©문화재청

의제 임금을 죽인 사건이 있었다. 김종직이 꿈에서 의제를 만
난 후 그를 기리며 지은 제문이 바로「조의제문」이었다. 김종직
의 제자 김일손이 『성종실록』 집필에 사관으로 참여하여「조의
제문」을 수록한 것이 문제였다. 해석하기에 따라 항우를 세조
에, 의제를 단종에 비유할 수 있기 때문에 정치적으로 대단히
민감하고 위험할 수 있는 문제였다.

　이 사실을 들은 연산군은 왕실의 정통성을 부정했다면서 크
게 분노했다. 그리고 이 문제를 빌미 삼아서 당시 주요 정치 세
력으로 떠오르던 사림파를 탄압한다. 성종 때 부쩍 힘을 얻은
사림파는 주로 관리를 감찰하고 임금에게 간언(옳지 못하거나 잘

세상을 바꾼, 세상을 꿰뚫는 발칙함

70

피비린내 나는
복수극의 이면

못된 일을 고치도록 하는 말)하는 대간으로 재직했는데, 직책 특성 상 연산군과 사사건건 대립해야 했다. 연산군은 버르장머리 없는 사림파를 손볼 절호의 기회라는 생각에 이 문제를 걸고 넘어졌다. 왕실의 정통성에 대해 비판하면서도 나랏일을 하며 녹봉을 챙긴 관리들에게 분노한 것이다. 이미 죽은 김종직은 무덤을 파헤쳐 시신의 목을 베는 부관참시에 처했고, 김일손을 비롯한 관련자들도 죽거나 귀양을 갔다. 결국 사림파는 조정에서 밀려났다.

사림파를 처리한 연산군에게 남은 걸림돌은 훈구파가 되었다. 사림파만큼은 아니지만 조정에서 권력을 독차지하고 있던 훈구파를 마땅찮게 여긴 연산군은 그들을 쳐낼 핑계를 찾았다.

복수의 시작, 갑자사화

시작은 술이었다. 연산군이 잔치를 베풀던 와중에 예조판서 이세좌가 실수로 곤룡포에 술을 쏟고 말았다. 버럭 화를 낸 연산군은 이세좌를 심문하고 유배형에 처했다. 그가 폐비 윤씨에게 사약을 내렸던 인물이었기 때문에 더욱 화냈을지도 모르겠다. 이 사건은 몇 달 후 이세좌가 유배에서 풀려나면서 끝나는 듯했다. 그러나 얼마 후, 훈구파 대신 홍귀달이 손녀에게 내려온 세자빈 간택령을 거역하는 일이 벌어졌다. 연산군은 두 가지 사건을 엮어 마침내 비장의 카드인 폐비 윤씨 문제를 꺼내

들었다. '갑자사화'가 시작된 것이다.

갑자사화는 무오사화보다 몇 배나 더 많은 대신들의 목숨을 앗아갔다. 제일 먼저 죽은 신하는 폐비 윤씨에게 사약을 가져간 이세좌였다. 윤씨의 폐비에 찬성한 윤필상 역시 연산군의 손아귀에서 벗어나지 못하고 죽었다. 연산군에게 밉보이거나 윤씨의 폐비와 관련됐다는 이유로 이극균과 성준 같은 중신들도 목숨을 잃었다.

연산군의 분노는 산 자와 죽은 자를 가리지 않았다. 폐비에 찬성했다는 죄목을 들어 이미 죽은 한명회와 정창손, 남효온 등의 무덤을 파헤치고 시신을 끄집어내어 목을 베었다.

사림파에 이어 훈구파까지 제거한 연산군은 자신이 꿈꾸던 완전무결한 권력을 움켜쥐었다. 그리고 그 권력을 자신의 욕망을 채우는 데 썼다. 롤모델이 의자왕이라며 스스럼없이 삼천궁녀를 거느리고 싶다고 하거나, 경기도 땅의 절반 가까이를 출입 금지 구역으로 정해 놓고 사냥을 즐겼다. 연회를 핑계로 조정 대신들의 부인을 궁으로 불러들여 관계를 맺었는데, 심지어 큰아버지 월산대군의 부인이자 큰어머니인 박씨와 관계를 맺었다는 풍문까지 돌았다. 또 폐비 윤씨의 기일에 술을 마시고 잔치를 벌이는 기행을 저지르기도 했다.

이렇게 자신의 쾌락을 위해 절대 권력을 사용한 연산군의 시대는 오래가지 못했다. 자신을 언제 죽일지 모르는 연산군의 변덕에 두려움을 느낀 대신들이 반정을 일으킨 것이다. '중종반정'의 주역이 연산군의 측근이었던 유자광과 박원종이었다

서툴고 나약, 서툴고 제멋대로 분노

퍼비린내 나는
복수극의 이면

는 점은 신하들이 연산군에게 느꼈던 공포를 잘 보여 준다. 결국 연산군은 자신의 권력을 강화하기 위해 어머니의 죽음을 꺼내 든 것에 불과했다.

⊙ **귀인(貴人):** 조선시대에 후궁에게 내리던 종일품 내명부의 품계로, 빈(嬪)의 아래.

⊙ **묘호:** 임금이 죽은 뒤에 생전의 공덕을 기리어 붙인 이름. 종(宗)과 조(祖) 두 가지를 썼는데, 대체로 조는 나라를 처음 일으킨 왕에게, 종은 왕위를 정통으로 계승한 왕에게 붙였음.

⊙ **행장(록):** 한문 문체의 하나. 죽은 사람의 친구나 가족이 그 사람의 신상, 세계관, 평생 언행 등을 서술해 후일 사관들이 사료를 제작하는 데 자료로 제공하려는 것이 기본 목적.

피 묻은 적삼

연산군이 등장하는 사극에서 빠짐없이 나오는 물건이 바로 폐비 윤씨의 피 묻은 적삼이다. 사약을 마시고 죽어 가던 윤씨가 흘린 피로 물든 적삼을 외할머니 신씨가 보관하고 있다가 연산군에게 전달했다는 것이다. 그 적삼을 보고 분노한 연산군이 폭주하면서 갑자사화가 벌어졌다는 식으로 이야기가 진행된다.

아련한 이야기의 뿌리는 1935년, 〈매일신보〉에 연재된 월탄 박종화의 역사 소설 『금삼의 피』에서 시작된다. 워낙 극적인 이야기라서 마치 사실처럼 알려졌지만, 정작 『조선왕조실록』에는 없다. 이런 이야기가 역사적 사실인 것처럼 전해진 이유는 정신 질환을 의심해 볼 법한 모습을 보여 준 연산군의 행동 때문이다.

연산군은 유독 엄격했던 아버지 성종과 주변 분위기에 주눅 든 채 애정 결핍에 시달렸던 것으로 보인다. 윤씨가 폐비된 이후 새 왕비가 된 정현왕후는 아무래도 자신의 아들인 진성대군에게 더 눈길을 주었을 것이다. 게다가 인수대비는 자신의 손으로 쫓아낸 며느리의 아들인 연산군을 보듬어 주지 않았다. 그런 환경은 연산군의 몸과 마음을 아프게 만들었을 것이다. 연산군이 애정 결핍에 시달렸을 거라는 추측은 그가 총애한 장녹수가 연상이었다는 점과 그녀가 연산군을 어린아이 다루듯 했다는 점에서도 엿볼 수 있다.

아울러 연산군의 정신 질환을 의심해 볼 수 있는 근거는 갑자사화의 진행 과정에서도 찾을 수 있다. 아무리 어머니의 죽음에 분노했다고 하더라도 관련자들을 매우 잔혹하게 죽인 점, 이미 죽은 사람들조차 용서치 않았던 점, 아버지의 후궁을 잔혹하게 고문한 것도 모자라서 아들들의 손으로 매질하게 했던 일들이 그 예다.

갑자사화 이후에는 신하들을 함부로 다루면서 자신에 대한 충성을 강조하는 편집증적인 모습을 보이기도 한다. 그러나 연산군이 정신 질환에 시달렸다는 것은 역사적으로 명확하게 밝혀지지 않았으며, 드라마와 영화를 통해 두드러진 면이 있다.

2부

천재와 훈장의 시기를 걷는다

기묘한

숙청의 밤

: 조광조는 왜 조정에서 밀려났을까? (1519년)

그날 밤에 벌어진 일

중종 14년인 1519년 11월 15일 밤, 경복궁 승정원에서 숙직하던 승지 윤자임은 바깥에서 시끄러운 소리가 들리자 읽던 책을 덮었다.

"이미 밤이 깊은 궁궐 안에서 무슨 소리가 들리는 거지?"

그의 중얼거림에 같이 숙직하던 승정원 주서 안정이 대답했다.

"그러게 말입니다."

잠시 그치는 것 같던 소리가 다시 들려오자 윤자임이 자리에서 일어났다.

"아무래도 나가서 살펴봐야겠네."

윤자임이 승정원의 문을 열고 나서자 안정은 물론 동료 승지 공서린과 다른 승정원 관리들이 뒤따랐다. 미로 같은 전각들을 돌아서 소리가 들리는 연추문에 도착한 윤자임은 할 말을 잃고 말았다.

"밤중에 어찌 연추문이 저리 활짝 열려 있는 것인가?"

옆에 있던 안정 역시 허둥대기는 마찬가지였다.

"저, 저도 처음 보는 모습입니다."

경복궁의 서문인 연추문은 활짝 열려 있었고, 그 앞에는 횃불을 든 군졸들이 서 있는 중이었다. 분위기가 심상치 않다고 느낀 윤자임이 안정에게 말했다.

"근정전으로 가 보세."

허둥지둥 달려간 근정전 역시 횃불을 든 푸른 군복의 군졸들로 가득했다. 윤자임이 앞을 막아서는 군졸들을 제치고 근정문 안으로 들어섰다. 옆에 서서 주변을 살피던 안정이 경연청 쪽을 가리켰다.

"저쪽입니다."

경연청 합문 앞에는 등불이 대낮처럼 환하게 켜 있었고, 그 앞에 관복을 입은 사람들이 보였다. 밤중에 관리들이 입궐하는 것은 보통 일이 아니었기 때문에 윤자임은 바짝 긴장했다. 그곳으로 다가가자 입궐한 관리들의 얼굴을 알아볼 수 있었다. 병조판서 이장곤과 판중추부사 김전, 호조판서 고형산, 화천군 심정과 병조참지 성운이었다. 그들을 본 윤자임이 큰 목소리로 물었다.

기묘한
숙청의 밤

"공들은 어찌하여 이렇게 깊은 밤에 입궐하셨습니까?"

그들은 갑자기 나타난 윤자임을 발견하고는 난처한 표정을 지었다. 이장곤이 나서며 대답했다.

"전하께서 급한 일이 있다고 표신을 보내셔서 이렇게 들어왔소이다."

그 이야기를 들은 윤자임이 펄쩍 뛰었다.

"어찌 승정원을 거치지 않고 표신을 낸단 말입니까?"

일이 예사롭지 않게 돌아간다고 느낀 윤자임은 마침 합문 밖으로 나오던 승전색 신순강에게 외쳤다.

"전하께 알현을 청한다고 전해 주시게."

신순강은 무표정한 얼굴로 그를 지나쳐 성운에게 다가갔다.

"전하께서 그대를 승지로 임명하셨으니 안에 들어가서 전교를 들으시오."

성운이 신순강을 따라 합문으로 들어가려고 하자 윤자임이 그 앞을 가로막았다.

"아무리 승지라도 사관 없이 임금과 만날 수는 없소이다."

윤자임은 안정에게 성운을 따라 안으로 들어가라고 지시했다. 하지만 합문을 지키던 군졸들이 윤자임과 안정을 말렸고, 그사이 성운은 합문 안으로 들어가 버렸다. 윤자임이 밖에서 발을 동동 구르고 있을 때 밖으로 나온 성운이 병조판서 이장곤에게 종이를 건넸다.

"여기에 이름이 적힌 자들을 모두 의금부로 압송하라는 어명이 계셨습니다."

종이를 건네받은 이장곤은 깊은 한숨을 내쉬고는 윤자임을 바라봤다. 사태를 짐작한 윤자임이 말했다.

"제 발로 가도록 하겠습니다."

돌아선 윤자임의 귀에 이장곤의 목소리가 파고들었다.

"어명이다. 승지 윤자임과 공서린, 주서 안정과 예문관 검열 이구 및 홍문관에 숙직하고 있는 응교 기준과 부수찬 심달원을 즉시 의금부에 하옥하라."

기묘사화의 기묘한 시작

그것은 시작에 불과했다. 중종은 의금부에 명령을 내려서 대사헌 조광조와 형조판서 김정, 홍문관 부제학 김구, 대사성 김식, 도승지 유인숙, 좌부승지 박세희와 우부승지 홍언필, 동부승지 박훈 등을 잡아 가뒀다. 11월 15일 밤에 벌어진 이 일은 일종의 친위 쿠데타라고 볼 수 있다. 『중종실록』에는 '북문지변' 혹은 '북문의 난'이라고 기록되어 있다.

사극에서는 신하들이 밤중에도 수시로 궁궐을 드나들지만 실제로는 거의 불가능했다. 해가 떨어지면 궁궐의 자물쇠와 열쇠를 관리하는 액정서에서 모든 문을 잠가 버렸다. 열쇠는 대전에 보관하는데 임금의 명령이 아니면 절대로 열지 않았다. 심지어 임진왜란 같은 국가적 재난이 발생했을 때에도 문틈으로 말을 전달하거나 쪽지를 건넬 정도로 궁궐의 문을 여는 것

이 쉽지 않았다. 그러니 그날 밤, 윤자임이 연추문과 근정전의 경연청 앞에 모인 관리들을 보고 놀란 것은 당연했다. 그런데 중종은 왜 깊은 밤에 관리들을 불러들였고, 현장에 있던 윤자임을 체포했던 것일까? 바로 중종에게 깊은 애증의 대상이었던 조광조 때문이었다.

1506년에 일어난 '중종반정'은 조선 최초로 성공한 쿠데타였다. 이전 시기의 반정은 왕족이 주동이 되었던 반면 중종반정은 박원종과 유순정, 성희안 같은 신하들이 주동이 되었다. 그들은 연산군의 이복동생 진성대군을 왕으로 옹립했다.

정치와 세상이 돌아가는 일에 대해 아는 바가 없던 진성대군은 중종반정 당시 자신의 집에 몰려온 군졸들을 보고 연산군이 보낸 것으로 오해하여 스스로 목숨을 끊으려고 했는데, 다행히 부인 신씨의 만류로 목숨을 부지할 수 있었다. 중종반정의 결과로 진성대군이 왕위에 오르게 된다. 그러자 세상은 반정 삼대장이라고 불리는 박원종, 유순정, 성희안의 것이 되었다. 중종은 이들의 등쌀에 시달려 부인 신씨를 쫓아내야만 했다. 신씨의 아버지가 연산군 처남이자 반정에 가담하지 않고 죽은 신수근이었기 때문이다.

이후 반정 삼대장이 차례로 세상을 떠나면서 조금씩 숨통이 트인 중종은 자기 정치를 펴기로 마음먹었다. 그 과정에서 눈에 띈 인물이 바로 조광조였다. 그는 사림파의 유명한 정신적 지주였지만 의외로 훈구파 집안 출신이었다. 게다가 5대조 조온은 태조 이성계의 조카로서 조선 건국에 참여하여 공신에 오

성균관 명륜당 ©문화재청

른 인물이다. 하지만 가문이 쇠락하면서 그의 아버지는 평안도 희천의 역참을 관리하는 찰방으로 일해야만 했다. 아버지를 따라간 조광조는 마침 무오사화로 인해 그곳에서 유배 생활을 하던 김굉필의 제자가 된다.

김굉필은 당시 열일곱 살이었던 조광조에게 평생 큰 그림자를 드리운 스승이 되었다. 그는 '소학군자(小學君子)'라고 불릴 정도로 소학을 좋아한 당대 최고의 유학자였다. 조광조는 김굉필의 문하에서 소학을 익히며 공부에 힘썼다. 그러나 두 사람의 만남은 지극히 짧았는데, 김굉필의 유배지를 순천으로 옮겼기 때문이다. 갑자사화가 일어난 얼마 후 김굉필은 사약을 받

기묘한
숙청의 밤

고 세상을 떠난다.

스승을 떠나보낸 조광조는 글공부에 매진해 과거에 합격한 뒤 성균관에 입학한다. 성균관은 소과에 합격한 유생들이 모여서 공부하는 곳으로, 이곳에서 일정 기간 수업을 듣고 나면 대과를 볼 수 있는 자격이 주어졌다. 성균관에 입학한 조광조는 학문과 인품 면에서 자신의 존재감을 확실하게 드러낸다. 늘 말과 행동을 조심하고, 하루 종일 제대로 옷을 갖추어 입고 다니면서 유학자로서의 자세를 몸소 보여 준 것이다. 다른 이들은 공자와 맹자를 입에 달고 다니면서도 사람이 없거나 친구들과 있을 때면 자연스럽게 흐트러지곤 했다. 그런데 조광조만은 평소 한결같이 손님을 맞이하는 것처럼 지냈던 것이다. 성리학의 가르침을 뼛속 깊이 받아들이고 실천에 옮기는 그의 모습은 성균관에 새로운 기풍을 만들었다. 곧 김식과 같은 동조자들이 생겨났다.

조광조, 두각을 나타내다

조광조의 명성은 성균관을 넘어 조정까지 전해졌다. 종이를 만드는 관청인 조지서의 수장 자리에 추천을 받아 임명되었다. 1515년, 첫 관직에 오른 지 2개월 만에 대과 시험에 합격하면서 본격적인 정치적 활동에 나선다. 사간원 정언으로 임명된 그는 조정에서도 존재감을 드러냈다. 벼슬에 오른 지 이틀 만에 중종의 첫 번째 부인이었던 폐비 신씨의 복위 문제를 둘러싼 갈등에 뛰어들었기 때문이다. 조광조는 중종에게 올린 상소에서 폐비 신씨의 복위를 주장한 박상과 김정을 탄핵한 사헌부와 사간원의 대간들을 비판했다. 때문에 조정은 벌집을 쑤신 듯 혼란스러웠지만 결국 중종이 조광조의 손을 들어준다.

그 후 조광조는 고려의 충신으로 죽은 정몽주를 성균관의 문묘(공자를 모신 사당)에 모시자고 주장한다. 사림파의 정신적 뿌리였던 정몽주가 문묘에 자리 잡음으로써 사림파의 지위는 더욱 확고해졌다.

조선을 성리학의 이상을 실현하는 국가로 만들고자 했던 조광조의 발걸음은 더욱 빨라졌다. 도교의 영향을 받아 하늘에 제사를 지내는 관청이었던 소격서를 폐지하고, 과거제 대신 어질고 우수한 인재를 추천받아 관리로 임명하는 현량과 실시를 주장한다. 그러나 현량과는 건국 초기부터 시행해 왔던 과거제와 달랐던 데다 추천을 받아 임명된 인물 대부분이 조광조와 가까운 사이였다는 점이 문제였다.

이 시점부터 조광조를 필두로 한 사림파는 훈구파와 갈등을 겪게 되고, 중종 역시 조광조와 거리를 두기 시작했다. 애초에 중종이 조광조를 등용한 이유는 반정 이후 강력해진 훈구파를 견제하기 위한 정치적 목적이 강했다. 따라서 중종 입장에서는 조광조와 그를 따르는 사림파의 힘이 너무 커지는 것 역시 피해야 했다. 잘못하다가 제2의 박원종을 만들 수 있기 때문이었다.

사림파와 훈구파 사이를 갑니다

86

하지만 조광조는 여기서 멈추지 않았다. 훈구파뿐만 아니라 중종의 권력 기반을 흔들 수 있는 공신의 위훈 삭제 문제를 거론한 것이다. 중종반정에 참여하여 포상받은 사람들을 '정국공신'이라고 불렀는데, 그 수가 117명에 달했다. 조선 왕조를 세우는 데 협력한 개국공신을 비롯한 이전 공신들에 비해 월등히 많았던 이유는 기반이 약한 반정 세력과 중종의 뜻이 맞았기 때문이다. 그러나 중종반정을 주도한 세력이 연산군의 측근이었다는 점과 공신 책정이 불공평하게 이루어졌다는 점 때문에 재위 기간 내내 문제가 되었다. 조광조는 가짜 공신들을 가려내고 이들에게 포상으로 주었던 재산을 되찾아야 한다고 주장했다. 틀린 말은 아니었지만, 중종은 반정의 명분과 직접 관련 있는 문제를 건드린 조광조가 마땅치 않았다.

그럼에도 조광조는 뜻을 굽히지 않았다. 조광조가 정치인이 아니라 성리학적 신념이 투철했던 학자였기 때문이다. 『중종실록』을 보면 이즈음부터 중종의 침묵이 길어진다. 이전에는 그의 의견에 반대하거나 화내곤 했지만 별다른 반응을 보이지 않았다. 아마도 자신이 기대했던 모습과 점점 멀어지는 조광조를 처리할 방도를 고민하기 시작한 시기였던 듯하다.

그리고 운명의 그날인 11월 15일 밤, 중종은 대신들에게 조광조와 그의 일파를 처리하라는 명령을 내린다. 이렇게 급하게 일을 처리한 까닭은 조광조의 측근들이 임금의 명령을 전달하는 승정원의 승지로 있었기 때문인 것으로 보인다. 중종은 조광조 일파가 붕당을 맺고 자신들에게 반대하는 사람들을 배척

하여 조정을 장악하려고 했다는 이유를 들어 처벌을 명했다.

잘 알려진 이야기에 따르면 남곤과 심정이 앞장서서 조광조를 모함했으며, 나뭇잎에 주초위왕(走肖爲王)이라는 모양으로 꿀을 발라서 벌레에게 파먹게 한 다음 반역의 증거로 삼았다고 한다. 주(走) 자와 초(肖) 자를 합하면 조광조의 성인 조(趙)가 된다. 따라서 주초위왕은 '조 씨가 왕이 된다'는 뜻으로 해석할 수 있다. 그러나 이 이야기는 민간에서 전해 오던 야사일 뿐이다. 궁궐 내부의 일까지 자세히 알 수 없던 당시 사람들은 간신의 모함 때문에 조광조와 사림파가 숙청되었다고 믿었다. 그러나 『중종실록』을 토대로 살펴보면 중종이 강력한 처벌을 원했고, 오히려 남곤과 심정은 만류했음을 알 수 있다.

조광조의 숙청과 죽음은 자신의 권력 기반이 약화되는 것을 두려워한 중종이 스스로 내린 결정이었다. 하지만 조광조의 죽음이 중종에게 강한 권력을 주지는 못했다. 그 틈을 타 김안로와 윤임, 윤원형 같은 외척과 간신들이 권력을 잡고 국정을 농단했던 것이다.

반면 조광조는 죽은 뒤 그야말로 사림파의 슈퍼스타가 되었다. 비록 현실 정치와는 거리가 멀었지만 성리학적 이념으로 국가를 운영하는 것이 모든 사림들의 꿈이었고, 조광조가 그걸 실천했기 때문이다. 더군다나 조광조는 올곧은 선비가 간신의 손에 안타깝게 목숨을 잃었다는 대의명분을 얻게 되었다. 조광조의 죽음은 사림파의 일시적인 후퇴를 가져왔지만, 최종적으로는 훈구파를 밀어내고 정계를 장악하는 데 가장 큰

조선과 훈구의 시대를 끝나다

기묘한
숙청의 밤

힘이 된다.

　선조가 왕위에 오른 뒤 사림파가 본격적으로 정계에 진출하면서 조광조의 명성도 다시 찾게 된다. 영의정 벼슬을 내리고 신주를 종묘에 모셨으며, 그를 기리는 사당과 서원이 곳곳에 세워졌다.

　◉ **승정원:** 조선시대 왕의 비서 기관으로 왕명의 출납을 맡아보던 관아. 오늘날의 대통령 비서실과 비슷한 역할.

　◉ **훈구파와 사림파:** 훈구파는 조선 건국 또는 조선 초기의 각종 정변에서 공을 세워 높은 벼슬을 해 오던 관료층, 사림파는 조선 초기에 산림에 묻혀 유학 연구에 힘쓰던 문인들의 한 파를 일컫는데 주로 훈구파를 비판하던 세력.

　◉ **표신:** 조선시대에 궁중에 급한 일을 전하거나 궁궐 문을 드나드는 것을 허락하여 주던 표.

현량과

조광조가 실행한 여러 가지 정책 중에 가장 비난받은 것은 바로 현량과였다. 현량과는 과거 시험과는 달리 지방 관리들의 추천으로 다양한 인재를 등용하는 제도이다. 조선의 인재 등용 관문인 과거 시험을 통해서는 글재주만 알 수 있을 뿐, 다른 능력에 대해서는 알 수 없기 때문에 학문과 덕행이 뛰어난 숨은 인재 선발이 불가능하다. 조선시대의 과거나 오늘날 각종 시험이 가진 공통적인 문제점이기도 하다. 이러한 문제점을 해결하기 위해 조광조는 현량과의 시행을 주장했다.

하지만 그의 주장은 당장 기존 관리들의 반발을 사게 된다. 왜냐하면 현량과는 중국 한나라 때의 현량방정과를 본떠 만든 제도인데, 중국에서도 이 제도를 시행하다가 여러 가지 폐단이 생겨서 결국 과거제로 돌아갔기 때문이다. 또한 현량과와 같은 추천제는 인맥이나 집안 배경, 그리고 추천자와의 인연이 작용할 수 있어서 인재를 선발하는 방식이 과거 시험보다 훨씬 왜곡될 수도 있다.

조광조는 이런 우려에 대한 해결 방안으로 현량과와 과거제를 병행하는 방법을 제시한다. 둘 다 시행해 보고 성과가 좋은 쪽을 선택하면 된다는 조광조의 주장이 타당했기 때문에 기존 관리들도 동의할 수밖에 없었다.

현량과를 통한 인재 등용 과정은 다음과 같았다. 예조는 각지에서 천거된 인물들의 성품이나 재능, 기량, 학식, 행실과 행적, 지조, 생활 태도와 현실 대응 등을 자세히 기록하여 의정부에 보고한다. 천거된 인물들을 궁궐에 모아 왕이 참석한 가운데 대책을 시험하여 관리로 선발하였다.

그러나 1519년, 현량과 시행 직후부터 문제가 발생했다. 조광조의 후원자 격인 안당의 세 아들 안처겸과 안처근, 안처성 삼형제가 모두 뽑혔고, 선발된 대부분이 조광조와 같은 사림파였던 것이다. 남곤 같은 훈구파가 보기에 이는 공정한 선발과는 거리가 멀었다. 그래서 조광조가 현량과를 시행한 것이 자신의 세력을 조정에 심기 위해서였다는 의심을 사고 만다. 현량과는 결국 조광조의 몰락을 가져온다.

조선의 기억을 지키다

: 조선왕조실록을 지킨 선비들(1592년)

실록, 조선의 모든 것을 기록하다

조선의 상징을 꼽으라고 하면 대부분은 궁궐이나 종묘 혹은 사직단을 떠올릴지 모르겠다. 그러나 오늘날 조선을 상징하는 대표 하나를 고른다면 단연 『조선왕조실록』일 것이다. 조선시대에 매일 일어난 일을 일기처럼 써 내려간 『조선왕조실록』은 일제강점기 때 만들어진 『고종실록』과 『순종실록』을 제외하더라도 태조부터 철종 때까지 무려 472년간의 기록이다. 전 세계 역사상 그 어떤 국가나 민족도 이렇게 오랜 기간 자국의 역사를 꼬박꼬박 기록하고 보존하지는 못했다.

더 놀랄 만한 일은 공정하고 정확한 기록을 남기기 위한 사

조선왕조실록 오대산 사고본 ⓒ국립고궁박물관

관들의 집념과 사관의 독립적인 권리를 뒷받침한 제도이다. 태종 이방원은 평생 거칠 것이 없던 사람이었다. 불패의 명장으로 이름을 떨친 아버지 이성계를 유일하게 패배시키고 왕위를 버리게 만들었으며, 자신의 거사를 도운 처남들을 참혹하게 죽인 냉혈한이기도 했다. 큰아들 양녕대군이 자신의 뜻을 거스르고 저항했을 때는 거침없이 세자의 자리에서 쫓아냈다. 그런 태종에게도 골칫거리가 있었으니, 그것은 바로 명나라나 왜구혹은 민란 등이 아닌 사관이었다.

"어이쿠!"

말을 타고 노루를 쫓던 태종은 비명과 함께 바닥에 내팽개쳐졌다. 달리던 말이 나무뿌리에 채여 앞으로 넘어진 탓이다. 태종을 따라가던 내관과 무사들이 서둘러 달려왔다. 팔을 부축한 내관이 물었다.

"전하! 괜찮으시옵니까?"

주변에 몰려든 이들이 하나같이 걱정스러운 눈으로 바라보자 태종은 겸연쩍은 표정을 지었다.

"사냥을 하다 말에서 떨어지는 것이 뭐가 대수라고 이리 소란들이냐?"

"하오나 옥체가 상하실까 염려되옵니다."

내관이 호들갑을 떨면서 철릭에 묻은 흙을 털어 주자 태종이 주변을 돌아보며 말했다.

"과인은 괜찮으니 사관이 절대로 알게 하여서는 아니 된다."

"염려하지 마시옵소서. 사냥터까지 사관이 따라왔겠습니까?"

내관의 말에 태종이 얼굴을 찌푸리며 말했다.

"말도 마라. 편전에 드나드는 것을 금지시켰더니 뜰에 숨어서 몰래 엿들은 적이 한두 번이 아니다."

안타깝게도 태종의 염려는 현실이 되었다. 이때의 일이 『태종실록』에 고스란히 기록되어 남았기 때문이다.

친히 활과 화살을 가지고 말을 달려 노루를 쏘다가 말이 거꾸러짐으로 인하여 말에서 떨어졌으나 상하지는 않았다. 좌우를 돌아보며 말하기를, '사관(史官)이 알게 하지 말라.' 하였다.

조선의 기억을
지키다

심지어 우리는 태종이 언제 이 이야기를 했는지도 알고 있다. 태종 4년인 1404년 2월 8일이다. 임금을 스토커처럼 따라다니면서 모든 것을 기록하려고 한 사관들의 집념 덕분에 우리는 태종이 말에서 떨어지고도 아픈 것보다 사관이 그 일을 알고 기록에 남길까 봐 전전긍긍했다는 사실을 알게 되었다. 6년, 60년 전도 아닌 600년 전의 일을 말이다. 『조선왕조실록』이 이렇게 철저한 공정성과 객관성을 자랑할 수 있는 것은 투철한 신념을 지닌 사관들 덕분이다.

실록을 만든 사관들

사관들은 임금과 조정의 일을 하나라도 더 기록하기 위해 애썼으며 외압에 맞서 싸웠다. 주로 젊고 강직한 춘추관의 관원들이 사관에 임명되었기 때문이다.

사관은 임금이 참석하는 모든 행사를 따라다니며 보고 들은 대로 상세하게 기록하는데, 이것을 '사초(史草)'라고 부른다. 실록을 만드는 데 필요한 기초 자료이자 중요한 자료였다. 원칙적으로는 임금조차 볼 수 없었다. 사관들이 가지고 있던 사초는 기록 대상자인 임금이 승하하면 『승정원일기』를 비롯한 다른 자료들과 함께 실록청에 함께 보관했다.

실록청은 실록을 편찬하기 위해 임시로 만든 기관이다. 빠르고 정확한 실록 집필을 위해 춘추관의 관원들을 여러 팀으로

승정원일기 ⓒ서울대학교 규장각 한국학연구원

나누어 작업했다. 실록 편찬은 세 단계를 거쳐 완성되었다. 첫째 단계는 보관 중인 자료들 가운데에서 중요한 사실을 골라 작성하는 초초, 둘째 단계는 초초에서 빠진 사실을 추가하고 불필요한 사실을 삭제하거나 잘못 쓰인 사실을 수정하는 중초, 셋째 단계는 중초의 잘못을 재수정하고 체재와 문장을 통일하는 정초. 실록이 완성되면 실록청의 사관들은 마지막 작업을 했다. 바로 사초를 물로 씻어 내는 세초 작업이다. 종이도 아끼고, 혹시나 임금이 사초를 보려고 시도할 것에 대비한 조치였다.

　완성된 실록은 모두 네 부를 만들어 하나는 한양 춘추관에

조선의 기억을
지키다

두고, 나머지는 각각 지방에 나누어 보관했다. 혹시 화재나 재난 등 여러 이유로 한두 군데의 실록이 유실되는 경우를 막기 위한 안전장치인 셈이다. 결국 이것이 오늘날까지 실록이 보존될 수 있는 결정적인 이유가 되었다.

실록은 당사자는 물론이고 왕위를 물려받은 자식조차 볼 수 없었다. 실록을 봤다고 알려진 연산군도 본인이 직접 본 게 아니라 신하가 실록의 특정 부분을 베껴서 열람한 것이다. 조선이라는 나라가 멸망한 이후에나 볼 수 있도록 철저하게 봉인된 실록은 그야말로 보존을 위해 만들어진 기록이다. 기록하는 것이 얼마나 엄중하고 무거운 일인지를 보여 주는 사례라고 할 수 있다.

기록 대상자인 임금은 사관들이 어떤 내용을 기록하여 후대에 남기는지 전혀 알 수 없었기 때문에 자연히 행동을 조심할 수밖에 없었다. 비록 조선 후기에 가면 실록조차 당파로부터 자유롭지 못했지만 그 가치까지 떨어지지는 않는다. 유네스코에서도 그 가치를 인정해 1997년에 '세계 기록 문화유산'으로 지정했다.

사람들은 실록이 임금과 조정의 일을 기록한 문서이기 때문에 딱딱하고 재미없을 것이라는 선입견을 갖는다. 그러나 실제로는 흥미진진하고 신기한 내용이 많다. 실록에는 하루 동안 조선에서 발생한 모든 일 중에서 가장 중요하고 기이한 일들이 적혀 있다. 예를 들면 함경도에서 소가 여러 마리의 송아지를 낳았다든지, 벼락 칼을 얻은 백성이 임금에게 바쳤다든지 하는 내용이다. 심지어 UFO 목격담도 기록되어 있다. 따라서 실록은 단순히 임금과 대신들의 행적을 넘어 조선 사회의 수백 년을 고스란히 담아낸 기록이라고 할 수 있다.

전쟁으로 사라질 뻔한 실록

이렇게 귀중한 실록이 하마터면 영원히 사라질 뻔하기도 했다. 앞서 말했듯이 조선 초기 실록은 한양 춘추관에 한 부를 비치하고, 세 부는 각각 충주와 성주, 전주에 보관했다. 모두 남쪽이었던 점을 감안하면 조선 초기의 가장 큰 위협은 북방 민족의 침략이었던 것으로 보인다. 하지만 남쪽에 편중돼 보관해 두었던 실록은 임진왜란 때 큰 위기를 겪는다. 왜군의 진격로에 있던 충주와 성주의 실록은 모두 불타 버렸고, 한양 역시 왜군에게 함락되면서 실록이 사라져 버리고 말았다. 지방에 내려 보낸 실록을 모두 관청에 보관했기 때문에 벌어진 참사였다.

마지막 남은 전주에 보관된 실록 역시 왜구들이 전라도로 진격해 오면서 위험에 처한다. 당시 전주의 실록은 태조 이성계의 어진(임금의 초상화)을 보관하는 경기전 안에 있었다. 왜군이 진격해 온다는 소식을 들은 경기전 참봉 오희길은 안절부절못한다. 실록을 하루빨리 안전한 곳으로 옮겨야 했기 때문이다.

하지만 수천 권에 달하는 엄청난 양의 실록을 몇몇 사람이 옮기는 것은 어림없는 일이었다. 고심하던 그는 인근에서 명

조선의 기억을
지키다

전주 경기전 정전 ©문화재청

망 있는 선비인 손홍록을 찾아갔다. 50대 중반의 손홍록은 마
침 피난 준비를 하고 있던 중이었다. 오희길은 간곡하게 요청
했다.

"성주와 충주는 물론이고, 한양의 실록까지 모두 잿더미가
돼 버려 이제 남은 건 경기전의 실록뿐입니다. 왜구가 언제 이
곳까지 쳐들어올지 모르는데 손 놓고 있을 수만은 없지 않겠습
니까? 부디 저와 함께 실록을 지켜 주십시오."

오희길의 이야기를 들은 손홍록은 난감한 표정을 지었다. 하
지만 오희길의 거듭된 요청에 마침내 고개를 끄덕거렸다.

"선비 된 도리로 나라의 기록을 담은 실록을 지키는 데 힘을

쏟는 건 당연한 일이지요."

"참으로 감사합니다."

"왜적들이 언제 쳐들어올지 모르니 서두릅시다. 실록을 안전한 곳으로 옮기려면 사람과 말이 얼마나 필요하겠습니까?"

"최소한 20필의 말이 필요합니다."

오희길의 말을 들은 손홍록이 고민에 빠졌다.

"그럼 말을 끌고 갈 말구종과 장정이 최소한 50명은 필요하겠군요."

"그 정도는 되어야 할 것 같습니다."

"제가 모을 수 있는 말은 많아야 10필 정도입니다. 마을 장정들도 가족과 피난을 떠났거나 준비 중이라서 많이 모으기는 힘들 것 같습니다."

한참 고민을 하던 손홍록이 무릎을 쳤다.

"도움을 줄 만한 사람이 있습니다."

"그게 누굽니까?"

오희길의 물음에 손홍록이 대답했다.

"내 글동무인 안의라는 사람이 있소이다. 그리고 내 조카 손숭경이 도우면 충분할 겁니다."

"감사합니다. 참으로 감사합니다."

오희길이 연거푸 감사하다고 하자 손홍록이 손사래를 쳤다.

"아니외다. 오히려 집안일을 생각해서 주저했던 것이 미안할 따름이오. 안의와 손숭경에게 편지를 보내 말과 사람을 데리고 와 달라고 하겠습니다. 그들이 오면 함께 전주로 가겠습

조선의 기억을
지키다

니다."

손홍록과 오희길은 두 손을 꼭 잡았다.

"그러면 저는 먼저 가서 준비하겠습니다."

실록을 산속 깊이 숨겨 놓다

다음 날, 손홍록은 안의, 손숭경과 함께 전주 경기전에 도착했다. 실록과 어진을 옮길 말 20여 필과 수십 명의 장정이 동행했다. 오희길이 미리 꺼내 놓은 실록을 말에 실은 일행은 전주를 떠났다.

"어디로 가는 게 좋겠습니까?"

오희길의 물음에 손홍록이 수염을 쓰다듬으면서 대답했다.

"정읍의 내장산이 깊고 험준해서 왜적들을 피하기에 좋습니다. 일단 은봉암으로 갔다가 상황을 봐서 용굴암으로 옮길 생각입니다."

"은봉암은 가 봤는데 용굴암은 어떤 곳입니까?"

"내장산에서 제일 높은 신성봉 바로 아래에 있는 암자로, 그 옆에 커다란 동굴이 있습니다. 실록을 숨기기에 안성맞춤입니다."

두 사람이 이야기를 나누는 사이에도 피난민들이 그들 곁을 바쁘게 지나갔다. 피난민들을 착잡한 눈길로 바라보던 손홍록이 오희길에게 말했다.

"참으로 끔찍한 일입니다. 하지만 이럴수록 지켜야 할 건 지켜야지요."

"반드시 실록을 지켜 낼 것입니다."

손숭경이 실록을 다 실었다고 알리자 손홍록이 오희길을 바라보며 입을 열었다.

"자! 가십시다."

두 사람의 바람대로 실록은 지켜졌다. 그리고 다시 만든 실록은 임진왜란을 교훈 삼아 오대산과 묘향산, 태백산처럼 깊고 험준한 곳에 있는 사고(史庫)에 보관했다.

기록을 지킨다는 것은 곧 역사를 기억한다는 것을 의미한다. 이들의 노력이 없었다면 우리는 조선에 대해서 아는 내용이 거의 없었을 것이 분명하다. 실록을 지키려는 노력이 이어진 덕분에 근대에 들어와 역사적 고난을 겪고도 계속 존재할 수 있었다. 일제강점기 때는 일본 동경제국대학에서 오대산 사고 실록을 가져간 후 관동대지진으로 사라지고, 한국전쟁 당시에는 북한에 빼앗기기도 했다. 다행히 판본을 여러 곳에 나누어 보관한 덕분에 현재 서울대학교 규장각과 국가기록원 부산기록관에 남을 수 있었던 것이다.

『조선왕조실록』의 분량은 실로 방대한 데다 한자로 기록되어 있어서 번역과 전산화에 오랜 시간이 걸렸다. 1968년부터 1993년까지 세종대왕기념사업회와 민족문화추진회가 한글로 번역하는 작업을 완료했으며, 1995년에는 전산화 작업을 완료하고 CD-ROM으로 만들어 보급했다. 지금은 국사편찬위원회

조선의 기억을
지키다

에서 만든 조선왕조실록 홈페이지에 들어가면 누구나 편리하게 『조선왕조실록』을 볼 수 있도록 되어 있다.

🔵 **춘추관:** 조선시대 당시 정치 기록과 역사 편찬을 맡아보던 관아로 모두 다른 관청의 관원이 겸임함. 태조 때 예문춘추관을 두었다가 태종 때 예문, 춘추의 두 관으로 독립했으며 예문관은 왕명 기록을 담당하던 관청이었음.

🔵 **사고:** 고려 말기부터 조선 후기까지 실록 등 국가의 중요한 서적을 보관하던 서고.

🔵 **참봉:** 조선시대에 여러 관아에 둔 종구품 벼슬.

기전체와 편년체

역사서는 서술하는 방식에 따라 구분한다. 그중 가장 많이 사용하는 서술 방식은 바로 기전체(紀傳體)와 편년체(編年體)다. 중국 사마천이 쓴 『사기』가 기전체로 쓴 대표적 역사서인데, 인물 중심으로 역사를 서술하는 방식이다. 제왕의 역사를 기록한 '본기'와 제후의 전기를 기록한 '세가', 그리고 그 밖의 인물들을 담은 '열전', 제도와 문물 등을 다루는 '지', 연표로 된 '표'로 구성된다. 기전체라고 해도 본기나 세가는 편년체로 서술하기 때문에 세부적으로 들어가면 구분이 모호하다. 우리나라에서는 『고려사』와 유득공의 『발해고』가 기전체로 집필되었다.

편년체는 일기를 쓰는 방식과 비슷하다. '○○왕 ○년 ○월 ○일, 무슨 일이 있었다. 그리고 다음 날 또 무슨 일이 있었다.'라는 서술이 반복된다. 『조선왕조실록』이 편년체로 쓰였으며, 시간의 흐름을 가장 잘 담아낸다는 장점이 있다. 편년체가 많이 쓰이는 이유는 긴 역사를 서술하기 쉽고 역사 기록을 분산시키지 않기 때문이다.

물론 단점도 있다. 무조건 시간대별로 서술하기 때문에 특정 사건에 대한 흐름을 파악하기 어렵다. 요즘처럼 인터넷 검색이 없던 옛날에는 일일이 기록을 들춰 보아야만 했다. 이를 보완하는 방식이 바로 강목체(綱目體)다. 편년체로 서술하되, 사건의 결과에 대해서 쓰고 간략한 논평을 첨부하는 방식이다. 즉, 강은 큰 글씨로 쓴 줄거리 기사를, 목은 구체적으로 서술하는 부분을 뜻한다. 우리나라의 대표적인 강목체 역사서는 안정복이 쓴 『동사강목』이다.

그 밖에 기사본말체(紀事本末體)라는 방식도 있다. 어떤 사건의 시작과 결말을 한 번에 서술하는 방식이다. 당연히 특정 사건을 이해하기 쉽다는 장점이 있지만 긴 역사를 서술하기에는 불리하다. 따라서 국가에서 편찬한 역사서보다는 개인이 집필하는 책에 많이 쓰인다. 기사본말체 방식을 사용한 대표적인 책이 이긍익이 쓴 『연려실기술』이다.

총을 든
소년들
: 아동대의 탄생(1594년)

지옥의 7년 전쟁, 임진왜란

1592년 발발한 임진왜란은 '왜란'(왜인이 일으킨 난리)이라는 명
칭에 걸맞지 않은 대규모 전쟁이었다. 무려 7년간 두 차례에 걸
쳐 조선을 침입한 일본과 싸웠고, 동아시아의 핵심적인 세 국
가가 모두 참가한 국제전이었다. 전쟁이 끝난 후 명나라는 급
속도로 국력이 약해졌고, 일본은 도쿠가와 이에야스가 정권을
잡아 에도 막부 시대를 열었다.

임진왜란은 무엇보다 조선 사회에 막대한 피해와 충격을 주
었다. 그동안 군사력이 해적 수준에 불과하다고 업신여겼던 일
본이 엄청난 대군과 신무기 조총을 앞세워서 한양을 점령하고,

부산진순절도 ©육군사관학교 육군박물관

세자까지 포로로 잡아갔던 것이다. 7년 동안 무수히 많은 사람이 죽거나 포로로 끌려갔고, 수많은 문화재가 사라졌다는 사실 역시 전쟁의 참혹함을 일깨워 주었다.

전쟁이 길어지고 인적 손실이 늘어나면서 조선은 전쟁터에 동원할 병사들이 부족해지는 상황에 처한다. 다양한 해결책을 찾던 중 제기된 방법이 '훈련도감'을 편성하여 병사들을 모집하는 것이었다. 1593년, 류성룡이 건의해 세운 훈련도감은 명나라가 왜구와 맞서 싸울 때 쓰던 절강병법과 조총 훈련을 위해 만들어진 군영(군대가 주둔하는 곳)이다. 조총을 쏘는 포수와 활을 쏘는 사수, 그리고 창칼을 다루는 살수로 이뤄진 훈련도감은 임진왜란 이후에도 중요한 군영으로 자리 잡는다.

아울러 지방에는 '속오군'이라고 불리는 예비대가 만들어졌다. 훈련도감이 병사들에게 급료를 주고 훈련을 시켰다면, 속오군은 지방의 양인과 천인들을 소집해서 만든 군대로 별도의 급료를 지급하지 않았다. 훈련도감과 속오군의 편성은 소수의 군대가 싸운 다른 왜란들과 달리 임진왜란이 총력전 형태로 진행되었음을 의미한다.

부족한 병사들의 수를 채우기 위한 고민은 소년병인 아동대의 편성과 훈련으로까지 이어졌다. 오늘날 소년병을 징집하고 훈련시키는 행위는 모두 유엔에서 규정한 전쟁 범죄에 해당된다. 하지만 당시 조선은 평균 수명이 짧고, 아동에 대한 보호 의식이 없던 시대였기에 아동대의 편성이 가능했다.

그렇다면 아동대에 소속된 소년병의 연령대는 대략 어땠을까? 조선시대에는 대체로 15~16세를 성인으로 봤다. 이 시기에 결혼하고 성인식을 치렀기 때문이다. 따라서 '동자(童子)'라고 표현한 아동대 소년들은 대략 10대 초반일 가능성이 높다.

왜군의 신무기 조총에 당하다

아동대는 조총과 왜검을 집중적으로 수련했다. 조총은 각궁과는 달리 발사할 때 생기는 반동만 견디면 되었기 때문이다. 또 날렵함의 상징인 왜검은 어린 소년들이 익히기에 적당하다

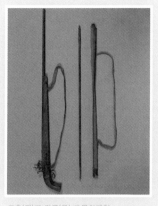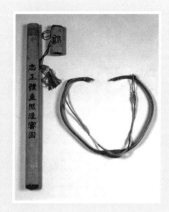

조총(좌)과 각궁(우) ©문화재청

고 판단한 것으로 보인다.

특히 조총은 조선에 큰 충격을 주었다. 일찍이 조선에서도 화약을 이용한 화포와 신기전을 개발하고 활용했지만 조총처럼 정밀한 발사 체계는 갖추지 못했던 탓이다.

사실 조총과 각궁을 개별적으로 비교해 보면 무기로는 각궁이 더 뛰어나다. 사정거리도 훨씬 길고, 장애물 뒤에 있는 목표물을 맞추는 곡사가 가능하기 때문이다. 조총은 복잡한 발사 과정 때문에 빨라야 1분에 두 발이 한계이지만, 각궁은 그것보다 더 빨리 여러 발을 쏠 수 있다. 정밀함도 한 수 위인데, 총구에 강선이 없는 조총은 사정거리가 늘어날수록 명중률이 뚝 떨어진다.

그럼에도 불구하고 조총이 각궁보다 뛰어난 무기로 인식되고, 짧은 시간에 널리 퍼진 것은 결정적인 장점이 하나 있기 때문이다. 각궁을 자유자재로 다루고 수십 미터 밖의 목표물을 명중시키기 위해서는 오랜 기간 연습이 필요하다. 반면에 조총은 발사 과정이 복잡하지만 반복적으로 훈련을 시키면 몇 달, 혹은 몇 주 만에 다룰 수 있다. 아울러 낮은 명중률과 발사 간격은 집단 사격과 교차 사격으로 메울 수 있었다.

다이묘들끼리 오랜 전쟁을 치르던 일본은 포르투갈로부터 조총을 도입해서 유용하게 썼고, 조선을 침략할 때도 들고 왔다. 실제 왜군의 무기 중에 조총이 차지하는 비율은 대략 20퍼센트 정도로 추정된다. 하지만 조선 사람들 눈에는 왜군들이 무시무시한 조총만 들고 있는 것처럼 보였다. 조총에 크게 충격받은 조선은 임진왜란이 터지자 다급하게 조총을 제작하고 사격술을 연마하는 데 힘썼다. 아동대에게 조총 쏘는 법을 집중적으로 연마하라고 지시한 이유도 아마 이런 배경 때문이었을 것이다.

아동대와 항왜들

아동대가 『선조실록』에 처음 등장한 날은 선조 27년인 1594년 6월 26일이다. 선조가 영의정 류성룡을 비롯한 고위 대신들과 회의하는 중에 언급되었다. 선조가 병조판서 심충겸에게 물었다.

"포수들이 시험 사격을 할 때 아동들이 많이 보이던데 어쩐 일인가?"

그러자 심충겸이 대답했다.

"동자로서 뽑힌 자가 15명인데 총 쏘는 기술을 전수해서 훈련시킬 요량으로 돌려보내지 않고 아동대라는 이름으로 편성하였사옵니다."

심충겸의 보고를 받은 선조는 금위군의 훈련이 미흡하다고 투덜거리면서 화제를 바꿨다.

아동대에 대한 기록은 다음 해에도 나온다. 훈련도감에서 여여문이라는 항왜에게 아동대의 훈련을 맡겼다고 보고하는 과정에서 언급되었다. 아동대를 추가 모집했다는 점과 적지만 별도의 급료를 곡식으로 지급했다는 내용을 본다면 이미 오래전부터 편성되어 훈련을 받았다고 추측할 수 있다.

아동대에게는 조총과 더불어 왜검을 쓰는 법도 가르쳤으며 35명으로 한 개 부대를 편성하라는 지시가 떨어졌다. 그 밖에도 아동대에게 왜검을 열심히 가르친 대가로 산소우라는 항왜에게 말 한 필을 포상했다.

이 기사를 쓴 사관은 아무리 항왜라고 해도 어찌 이리 대접이 융숭할 수 있느냐며 이해할 수 없다는 심경을 남긴다.

나중에는 아동대만 신경 쓰고 포상하느라 상대적으로 냉대받는 무사들을 신경 써야 한다는 상소문이 올라왔다는 기록도 있다. 이를 보면 아동대에 많은 기대와 지원이 있었던 것으로 보인다.

"집합하라!"

항왜 여여문이 집합 명령을 내리자 그늘에 들어가 쉬고 있던 아동대 소속 소년들이 모여들었다. 손에는 조총을 들고 있었고, 허리에는 화약이 담긴 대나무 통인 죽관과 총알을 담은 주머니인 오구가 달려 있었다. 여여문은 아직 어린 티를 벗어나지 못한 아동대 소년들을 착잡한 심정으로 바라봤다. 하지만 안타까움은 접어 두고 지금은 훈련할 때였다. 깊게 심호흡을 한 뒤 그가 입을 열었다.

"세총!"

여여문의 외침에 아동대 소년들이 일제히 조총의 총구에 삭장(총구 안을 닦거나 화약을 다질 때 쓰는 가늘고 긴 막대)을 쑤셔 넣었다. 조총을 쏘기 전에 반드시 총구 안의 화약 찌꺼기들을 닦아내야만 불발이 생기지 않았기 때문이다. 세총을 끝낸 아동대 소년들에게 여여문이 외쳤다.

"화약!"

구령이 떨어지자 소년들은 대나무 통 안에 든 화약을 총구에 부었다. 한 발을 쏠 수 있는 분량의 화약을 나눠 담은 대나무 통 속 화약을 전부 쏟아넣은 소년들의 귀에 여여문의 구령이 들렸다.

"삭장!"

아까처럼 삭장을 든 소년들이 총구 안을 쑤시며 화약을 잘

다졌다. 긴장한 소년 몇이 조총을 손에서 놓치고 말았다.

"연자!"

이제 총알을 넣어야 할 순서였다. 주둥이가 까마귀 입 모양을 닮아서 오구라고 부르는 주머니를 총구에 대고 살살 흔들어서 총알을 하나 넣었다. 소년들의 동작을 살펴본 여여문이 외쳤다.

"하지! 송지!"

두 가지 구령이 연거푸 내려지자 소년들의 손이 바빠졌다. 총구에 종이를 넣은 다음 삭장으로 총구 안에 깊숙히 밀어 넣었다. 조총 안의 화약을 고정시키는 작업이다.

"개화문!"

이제 조총을 든 아동대 소년들이 화약 접시가 있는 화문의 뚜껑을 열었다.

"선약! 요화문!"

소년들이 심호흡을 하고 화문에 선약이라고 부르는 점화약을 살짝 부은 다음 살살 흔들었다. 총구에 부은 화약과 점화약이 섞이도록 하는 과정으로 여여문이 중요하다고 여러 차례 언급한 과정이다.

"폐화문!"

구령이 들리자 소년들은 점화약을 부은 화문의 뚜껑을 닫았다.

"안화승!"

소년들은 손목에 감은 화승(불이 붙은 심지)을 조심스럽게 용두에 끼웠다. 용두는 방아쇠를 당기면 화문에 닿는 부분으로, 불을 일으켜서 조총을 발사하게 하는 역할을 했다. 향처럼 타오르는 화승의 가느다란 연기가 조총 위로 피어올랐다. 소년들이 용두에 화승을 제대로 끼운 것을 지켜본 여여문의 외침이 이어졌다.

"개화문!"

소년들은 아까 점화약을 붓고 닫은 화문의 뚜껑을 열었다. 그리고 조총을 들어서 어깨에 대고 앞에 있는 과녁을 겨눴다. 살짝 긴장한 여여문이 외쳤다.

"거발!"

철컥거리는 소리와 함께 방아쇠가 당겨졌고, 용두에 끼운 화승이 점화약이 담긴 화문에 닿았다. 잠시 후, 앞으로 겨눈 총구에서 불꽃과 함께 연기가 터져 나왔다. 약간 늦게 터진 총성은 마른하늘에 치는 날벼락 같은 소리를 냈다. 멀리 담장에 기대서 지켜보던 훈련도감 소속 병사들이 움찔했다. 조선 사람들에게 조총 소리는 아무리 들어도 익숙해질 수 없는 소리였다.

그렇다면 아동대는 실전에 투입되었을까? 선조 29년인 1596년, 해평 부원군 윤근수가 올린 상소문에는 포수와 살수를 양성하는 아동대가 훗날 급할 때 요긴하게 쓸 목적이었지만, 당장 싸우는 병사들에게 줄 식량도 부족한 형편이니 없애는 것이 좋겠다는 내용이 나온다. 선조가 알겠다고 답한 이후 아동대에 대한 기록은 보이지 않는다. 즉, 실록만 보면 아동대는 실전에 투입되지 않은 것으로 보인다. 전쟁이 소강 상태에 접어들었고 오랜 전쟁 때문에 계속 식량이 부족했으므로 결국 해체되었다고 추정된다.

하지만 실록에 기록이 없다고 해서 실전에 투입되지 않았다는 보장은 없다. 기어이 전쟁의 비극이 어린아이들에게까지 미쳤던 것이다.

◑ **신기전:** 1448년(세종 30년) 제작된 무기로 고려 말 최무선이 화약국에서 제조한 로켓형 화기인 주화(走火)를 개량한 것.

◑ **금위군:** 고려·조선시대에 궁중을 지키고 임금을 호위하고 경비하던 친위병.

◑ **다이묘:** 일본 헤이안 시대부터 전국 시대까지 지방을 다스리던 봉건 영주를 이르던 말. 원래는 무사 계급으로 많은 땅을 가지고 막강한 권력을 행사함.

조선의 군역 제도

조선시대 군대는 오늘날과 같은 징병제였다. 이를 '양인개병제'라고 불렀는데, 노비를 제외한 모든 양인이 징집 대상이었다. 그러나 사대부들은 이런저런 핑계를 대고 빠져나가 사실상 농민이 주축이었다.

조선시대 군역은 혹독했다. 군역 당사자가 군복과 무기뿐만 아니라 복무하는 동안 필요한 것들을 스스로 부담해야만 했다. 복무 기간도 무려 16세부터 60세까지였다.

이런 상황 때문에 생기는 백성들의 병역 기피를 막기 위해 보완 장치들을 마련했다. 일단 정해진 기간 내내 군역을 짊어지는 것이 아니라 몇 달간 교대로 복무했는데, 이들을 정병 혹은 정군이라고 불렀다. 그런데 교대로 복무한다고 해도 그동안 남아 있는 가족들의 생계가 문제였다. 이 문제를 해결하기 위해 정병으로 근무하지 않는 양인들이 경제적 도움을 주었고, 이들을 보인이라고 불렀다. 보통 정병 한 명당 보인 두세 명을 붙였는데, 비용이 많이 드는 기병은 그 수를 늘리기도 했다.

그럼에도 정병에게는 여러모로 힘든 제도였으므로 이를 해결하기 위해 등장한 방식이 '대립제'다. 한마디로 정병이 직접 병역을 수행하는 대신 누군가에게 돈을 주고 군역을 시키는 것이다. 비록 돈은 들지만 교통이 불편하고, 숙박 시설이 미비했던 당시로서는 엄청난 이점이었다. 한양에서 시작된 대립제는 곧 전국으로 퍼졌고, 너도나도 사용하게 되었다.

그러자 중종 때는 공식적으로 정병들에게 1년에 베 두 필로 병역을 대신하게 했다. 이것을 '군적수포제' 또는 '군포제'라고 한다. 정병들의 번거로움을 없애기 위한 제도였지만, 지방의 수령들과 아전들이 결탁해서 대상자들에게 몇 배의 부담을 지운 부패의 대상이 되었다.

이 문제를 해결하기 위한 여러 가지 논의들이 오갔다. 결국 영조가 '균역법'을 시행해서 군포로 걷는 베의 수를 한 필로 줄였다. 19세기에는 사대부들도 군포를 내는 '호포제'가 논의됐지만, 반발이 심해 무산되었다. 좋은 의도로 시작된 군포제가 백성들에게 또 다른 부담이 되었던 셈이다.

Story 9

반란의
선봉에 서다

: 이괄의 난에 앞장선 항왜의 운명 (1624년)

실패로 끝날 뻔했던 인조반정

1623년 3월 12일에 일어난 '인조반정'은 조선시대 두 번째이 자 마지막으로 성공한 반정이다. 명나라를 멀리하고 후금과 가 깝게 지내는 광해군의 대외 정책에 불만을 품은 서인 세력과 능양군 이종이 손잡고 일으켰다. 결국 반정에 성공해 즉위한 능양군이 바로 인조다. 동생 능창군이 역모에 휘말려 유배형을 받은 뒤 자결했고, 아버지 정원군은 그 일로 화병을 앓다가 세 상을 떠났던 터라 복수심에 불탔다. 더군다나 왕기(임금이 날 조 짐)가 흐른다는 이유로 살던 집까지 빼앗겼기 때문에 반정에 나설 이유는 충분했다.

사실 인조반정은 능양군의 난에 그칠 수도 있었다. 계획에 가담했던 이이반이 역모 고변(반역 행위 고발)을 했기 때문이다. 하지만 끊임없는 역모 고변으로 인해 긴장이 풀린 광해군은 궁궐에서 잔치를 벌이느라 조사를 미뤘다. 광해군의 측근 박승종이 반정 가담자 중 한 명인 훈련대장 이흥립을 조사했지만 가담 사실을 부인하자 그냥 풀어 주고 말았다. 그렇게 광해군이 늦장 부리는 사이, 반정군이 창의문을 지나 창덕궁으로 들이닥치는 데 성공하게 된다. 당시 홍제원에 집결한 반정군을 이끌기로 한 김류가 모습을 드러내지 않았지만 이괄이 침착하게 지휘하여 위기를 넘길 수 있었다.

창덕궁을 장악하는 데 성공한 반정군은 서궁에 유폐되어 있던 인목대비를 통해 능양군에게 옥새를 내리게 한다. 임금 자리에 오른 인조는 광해군을 강화도로 유배 보내고 광해군을 지지한 대북파를 숙청하는 한편, 반정에 참여한 자들을 정사공신으로 삼는다. 그러나 문제는 중종반정 때와 마찬가지로 공신 선정에서 공정성을 잃었다는 점이다.

공신 선정에 가장 크게 반발한 사람은 이등 공신이 된 이괄이었다. 이괄은 하마터면 와해될 뻔한 반정군을 지휘한 공로가 있음에도 불구하고 이등 공신에 머무른 것에 불만을 품었다.

게다가 공신들의 등급이 결정되었을 때 이괄은 한양에 없었다.

인조와 서인 세력은 광해군과 가깝게 지내 온 후금이 쳐들어올 경우를 대비하기 위해 야외에서 전투를 벌일 수 있는 야전군을 편성했다. 그리고 평안도 영변에 주둔한 야전군을 지휘할 병마절도사 겸 부원수로 이괄을 임명했다. 한양을 떠나 추운 북쪽으로 가야 하는 이괄의 마음이 편치 않았던 것은 물론이다.

이괄은 이 모든 일이 자신을 모함한 김류의 소행이라고 생각했다. 그런데 엎친 데 덮친 격으로 안 좋은 상황이 겹치고 만다. 바로 자신의 아들 이전이 역모 혐의를 받게 된 것이다. 누구나 인정하는 폭군이었던 연산군과는 달리 광해군은 나름 지지 세력이 있었다. 뿐만 아니라 반정 세력들의 어설픈 일처리와 보복이 반발을 불러일으키면서 다른 세력들에서도 반역 음모가 이어지고 있었다. 그런 와중에 이괄의 아들이 역모 혐의를 받았으니 조정이 발칵 뒤집힌 것은 두말할 나위가 없었다. 흥미로운 건 철천지원수라고 생각한 김류는 반대하는데, 오히려 가까운 사이였던 이귀가 펄쩍 뛰면서 당장 이괄을 소환해서 조사해야 한다고 주장했다는 점이다.

중간에 낀 인조는 먼저 이전을 소환해서 조사하는 것으로 결론 내렸다. 양쪽의 의견을 참고해서 내린 최선의 해결책이라고 생각했겠지만 안타깝게도 이괄은 그렇게 생각하지 않았다. 일단 본인이 반정 직후 좌포도대장으로 활동하면서 닥치는 대로 반대 세력을 잡아들였던 과거가 있었다. 따라서 역모 혐의를 받

반란의
선봉에 서다

는 순간 역적이 되는 것은 기정사실이라고 받아들였던 것이다.

"지금 군영 밖에 금부도사 일행이 와 있다."

이괄이 눈을 부릅뜬 채 이야기를 꺼내자 불려 온 장수와 군관(장교)들 모두 입을 열지 못했다. 긴 한숨을 쉰 이괄이 억울함을 토로했다.

"내 아들 이전을 잡아가려는 것인데 그 아이가 역적이 된다면 나는 역적의 아비가 되는 것이다. 세상에 역적의 아비가 살아남는 법이 있단 말인가?"

칼을 든 이괄의 말에 아무도 입을 열지 못했다.

"지금 임금께서는 김류 같은 간신배들에게 속아서 나라를 바로 보살피지 못하고 있다. 지금은 나와 내 아들이지만 시간이 지나면 그대들도 피해를 입을 것이 분명하네. 그러니 이참에 조정의 간신배들을 쓸어버리는 게 어떻겠는가?"

이괄의 어마어마한 폭탄 선언에 측근 이수백과 기익헌조차 제대로 입을 열지 못했다. 그러자 이괄이 답답하다는 표정으로 말했다.

"이제 끌려간다면 오직 죽음만이 있을 뿐이야. 나는 결단코 그럴 생각이 없네. 내 뜻을 따르지 않는다면 이 자리에서 말해 보게."

말을 마친 이괄이 칼을 탁자 위에 올려놓고 부하들을 노려봤다. 분위기에 눌린 부하들이 아무 말도 못하자 칼을 도로 집어 든 이괄이 말했다.

"그럼 나와 뜻을 같이하는 것으로 알겠네. 가서 당장 금부도

사 일행을 군영 안으로 불러들이거라."

"어, 어찌하실 생각이십니까?"

이수백의 물음에 이괄이 코웃음 쳤다.

"그자들의 목을 베어 군중에게 나의 뜻을 알릴 것이다."

반란의 칼을 뽑아 들다

그렇게 이괄의 반란이 시작되었다. 갑자기 시작된 반란이었지만 이괄에게는 믿는 구석이 있었다. 일단 잘 훈련된 1만 명이 넘는 군대가 있었고, 백수십 명에 달하는 항왜를 자신의 휘하에 거느린 상태였다.

항왜는 '항복한 왜인들'이라는 뜻으로, 임진왜란 당시 조선에 투항하여 귀화한 왜인들이 적지 않았다. 조정에서는 후금의 세력이 커지자 항왜들을 북방으로 파견했다. 백병전(직접 몸으로 맞붙어 싸우는 전투)에 능하고 사나운 항왜들을 후금과의 전쟁에 투입할 속셈이었던 것이다. 전쟁을 피해 조선에 남은 항왜들은 조선인들의 차별과 의심을 받다 보니 불만이 컸다. 이괄은 이런 그들을 잘 다독거려 주었다. 이 때문에 목숨을 걸고 주군에 충성하는 항왜들은 이괄에게 개인적인 충성을 바쳤다.

항왜들을 앞세운 이괄은 빠른 속도로 남하했다. 반란을 일으킨 이상 한시라도 빨리 도성을 장악해야만 했기 때문이다. 남하 과정에 구성순변사로 있다가 역모 혐의로 체포되어 한양으

반란의
선봉에 서다

이괄의 난에 대해 서술한 역사서 『이조전란사』 ⓒ국립한글박물관

로 압송 중인 한명련을 구출하라는 명령을 내렸다. 임진왜란 때 맹활약을 한 백전노장 한명련은 이괄에게 반드시 필요한 인물이었다. 항왜들은 이괄의 명령대로 한명련을 구출하는 데 성공한다.

한편 이괄이 반란을 일으켰다는 소식을 들은 인조와 대신들은 충격에 빠진다. 평양에 주둔 중인 팔도도원수 장만에게 서둘러 토벌하라는 명령을 내렸지만 주력 부대가 모두 이괄에게 있는 이상 쉽지 않았다. 게다가 이괄은 큰길이 아닌 오솔길을 통해 포위망을 뚫고 남하하고 있었다. 포위망을 벗어나 남하하던 이괄의 반란군이 정충신과 남이흥이 이끄는 토벌군과 처음 마주친 곳은 황해도 황주 신교였다.

전투는 예상 밖의 상황에서 시작되었다. 송립은 인조반정 후 이괄의 휘하에 들어갔다가 이듬해 군량미 조달을 위해 자산에 갔는데, 영변에서 이괄의 반란 소식을 듣고 허전과 함께 이괄에게 거짓으로 투항한 전적이 있었다. 그런데 이번에는 토벌군에게 이괄의 휘하 장수인 부하들을 이끌고 와 토벌군에게 항복할 뜻을 밝힌 것이다. 이전에도 이괄의 휘하 장수가 투항한 사례가 있었기 때문에 정충신과 남이홍은 그들을 받아들였다.

이렇게 어수선한 상황에서 이괄이 전격적으로 공격을 감행한다. 반란군의 선봉에는 항왜들이 섰다. 긴 칼에 왜군 갑옷을 차려입은 그들을 본 토벌군은 공포에 휩싸였다. 부모님에게 말로만 듣던 야차 같은 왜군을 직접 목격했기 때문이다. 토벌군은 누가 먼저라고 할 것도 없이 무기를 버리고 도망쳐 산산이 흩어지고 만다.

반란의 선두에 선 항왜들

항왜를 앞세우고 전진하던 이괄의 다음 장애물은 예성강이었다. 뒤쪽에서는 정충신의 토벌군이 추격해 오고 있었기 때문에 빨리 예성강을 건너야 했다. 이괄은 배를 이용하지 않고 건너기 위해 예성강 상류 마탄으로 이동했다. 그곳을 지키고 있던 토벌군 장수는 황해 방어사 이중로였다. 이괄은 정공법을 선택했다. 항왜들을 앞세워 마탄의 여울목을 건넌 것이다. 이

정묘와 호란의 시기를 걷다

124

반란의
선봉에 서다

번에도 선두에 선 항왜들을 본 토벌군은 공포에 질렸다. 그들을 보고 우왕좌왕하는 사이 이괄의 본대가 순식간에 예성강을 건넜다. 이후 본격적인 전투가 벌어졌지만 훈련 정도와 무장 수준이 앞선 이괄의 반란군이 이중로의 토벌군을 압도했다. 추격해 오던 정충신의 토벌군이 마탄에 도착했을 즈음에는 이미 이괄의 승리로 전투가 끝난 상태였다.

이괄은 사살한 장수들의 목을 말에 얹어 정충신에게 보낸 뒤 군대를 추스르고 계속 진군한다. 마지막 방어선인 임진강마저 쉽사리 돌파한 이괄은 2월 11일, 마침내 한양에 입성한다. 인조는 이틀 전에 한양을 빠져나와 남쪽으로 피난을 떠난 상황이었다. 조선시대 무수히 일어난 반란 중에 유일하게 반란군이 도성을 점령한 데 성공한 것이다. 파급 효과는 어마어마했다. 이괄의 군대는 백성들에게 큰 환영을 받았는데, 반정에 성공한 후 인조와 대신들이 민심을 제대로 돌보지 못한 탓이다.

한양에 도착한 이괄 앞에 선조의 아들인 흥안군 이제가 나타난 것도 호재였다. 피난 행렬에서 슬쩍 빠져나와 한양에 돌아온 그는 새로운 임금으로 내세우기 적합한 인물이었다. 오랜 행군과 전투 끝에 한양에 도착한 이괄은 반란이 성공했다고 믿었다. 하지만 그런 꿈을 깨 버리기라도 하듯 장만이 이끄는 토벌군 본대가 도착했다. 토벌대는 한양이 내려다보이는 돈의문 밖 안현의 무악재에 자리 잡았다. 유리한 지형을 차지한 토벌군의 거센 공격에 반란군은 제대로 대응하지 못했다.

결국 전투는 이괄의 패배로 끝났다. 천신만고 끝에 모든 걸

이뤘다고 생각한 순간 파멸해 버린 것이다. 전투를 지켜보던 한양 주민들은 반란군의 패배로 전세가 기울자 돈의문을 닫아 버렸고, 퇴로가 막힌 이괄의 군대는 뿔뿔이 흩어지고 만다.

이괄과 항왜의 비참한 최후

참담한 패배를 겪은 이괄은 부상당한 한명련을 비롯한 소수의 부하들을 이끌고 한강을 건너 이천 방면으로 퇴각했다. 그러나 며칠 후, 광주 경인역 근처에서 부하 장수인 기익헌과 이수백에 의해 살해되었다. 이때 한명련과 이전도 함께 죽었다. 그것으로 이괄의 난은 막을 내렸다.

이괄과 끝까지 함께했던 항왜들은 남쪽으로 도주한다. 일본으로 돌아갈 생각이었는지, 아니면 예전에 집단으로 거주하던 밀양으로 내려갈 생각이었는지는 알 수 없지만 아무도 목적지에 도착하지 못했다. 임진왜란 초기에 항복한 항왜 김충선이 그들의 앞을 가로막은 것이다. 뛰어난 칼 솜씨 때문에 나는 왜구라는 뜻의 '비왜'로 불린 서아지를 비롯해서 고효내와 사쇄문 같은 항왜는 김충선에게 목숨을 잃거나 포로로 붙잡혀서 죽고 말았다.

인조와 대신들은 이괄의 반란군에 가담한 항왜를 두려워하여 동래성에 머무는 왜인들을 동원할 계획까지 세웠다. 임진왜란이 벌어진 지 30여 년밖에 지나지 않은 상황을 감안하면 얼

전쟁과 혼란의 시기를 걷다

반란의
선봉에 서다

마나 큰 충격을 받았는지 알 수 있다. 항왜들은 부하 장수들이 잇달아 이괄을 배신하는 데도 충성심을 버리지 않았다. 목숨을 걸고 충성하는 것이 항왜들의 특징이기도 했다. 어쩌면 낯선 땅에서 살아남기 위해서 누군가에게 의지해야만 했기 때문일 수도 있다.

　1만여 명에 달하는 항왜가 전쟁 이후 조선 사회 속에 스며들어갔다. 그리고 각자 주어진 운명에 따라 이괄의 난에 가담한 서아지 같은 항왜가 있었는가 하면 그들을 토벌한 김충선 같은 항왜도 있었다.

◉ **유패:** 사람을 일정한 곳에 가두고 밖으로 나오지 못하게 함.

◉ **후금:** 중국에서 1616년 여진족장 누르하치가 세운 나라. 1636년에 이름을 '청'으로 바꾼 뒤 명나라를 무너뜨리고 중국을 차지함.

◉ **금부도사:** 조선시대에 의금부에 속하여 임금의 특명에 따라 중한 죄인을 신문하는 일을 맡아보던 종오품 벼슬.

광해군의 중립 외교

광해군은 임금 자리에 올랐다가 인조반정으로 쫓겨났지만 지금까지도 그를 옹호하는 의견들이 적지 않다. 특히 후금과 명나라 사이에서 펼친 중립 외교는 높이 평가받고 있다.

1608년, 광해군이 즉위했을 당시 조선의 사정은 매우 참담했다. 임진왜란이 끝난 직후여서 온 나라가 쑥대밭이 된 상태인 데다 만주에서는 누르하치가 여진족을 모아 힘을 키우고 있었다. 여진족은 1만 명이 모이면 천하가 감당할 수 없다는 말이 있을 정도로 강력한 힘을 가졌을 뿐만 아니라 금나라를 세운 적도 있었기 때문에 조선과 명나라로서는 큰 골칫거리였다.

광해군은 후금의 세력 확장을 경계하면서 군사력을 강화했다. 한편으로는 이들을 토벌하기 위한 명나라의 파병 요구에 무조건 찬성하지 않았다. 그러자 대부분의 관료와 사대부들은 명나라와 함께 후금을 공격해야 한다고 맞섰다. 명나라가 거의 멸망할 뻔한 조선을 다시 일으켜 준 재조지은(再造之恩)을 베풀었다는 것이 이유였다. 이 당시 광해군의 의견은 1621년 6월 1일자 『광해군일기』에 잘 남아 있다.

"고상한 말과 큰 소리만으로 하늘을 덮을 듯한 흉악한 적의 칼날을 막아 낼 수 있겠는가. 적들이 말을 타고 들어와 마구 짓밟는 날에 이들을 담론으로써 막아 낼 수 있겠는가. 붓으로 무찌를 수 있겠는가."

임진왜란을 직접 경험했던 광해군은 지극히 현실적인 자세로 대처했다. 그러나 거세지는 명나라의 압박과 빗발치는 사대부들의 요구를 계속 무시할 수만은 없었다. 광해군은 결국 명나라의 파병 요청에 응했다. 하지만 도원수 강홍립이 이끌던 조선군은 사르후에서 후금군에게 기습당한다. 좌영장 김응하가 이끌던 부대를 비롯한 수천 명의 조선군이 패배하자 모두 항복하고 말았다. 광해군은 포로로 잡힌 5도 도원수 강홍립을 통해 후금의 내부 사정을 파악하는 데 주력했다.

광해군의 이런 중립적인 외교 정책은 인조반정의 한 원인이 되었다. 인조는 광해군의 정책들을 모두 폐기하고, 명나라와 손잡음으로써 정묘호란과 병자호란이 일어나는 계기를 만든다.

우리가 상상하지 못했던 과거 시험장의 풍경

: '난장판'의 어원이 된 과거 시험장(1705년)

우연히 발견된 기상천외한 수법

"어머나! 이게 뭐야?"

반촌에 사는 한 아낙네가 나물을 캐다가 뭔가를 발견하고 고개를 갸웃거렸다. 그녀가 나물을 캐던 곳은 성균관의 반수당으로, 얼마 전에 과거 시험을 치른 곳이었다. 그러자 옆에서 나물을 캐던 딸이 다가왔다.

"어머니, 무슨 일이에요?"

아낙네가 방금 호미로 파헤친 땅에서 끌려 나온 노끈을 만지작거리면서 대답했다.

"땅에 노끈이 박혀 있어."

"그러게요. 한번 당겨 봐요."

모녀가 힘을 합쳐 당기자 땅속에서 노끈이 뽑혀 나왔다. 그걸 본 아낙네가 호들갑을 떨었다.

"어머, 담장까지 이어져 있네."

"아무래도 사람을 불러와야겠어요, 어머니."

호미를 내팽개친 딸이 마을로 달려가는 걸 본 아낙네는 길게 이어진 노끈을 바라봤다.

소식을 듣고 달려와 땅을 파 본 반촌 사람들은 깜짝 놀랐다. 길게 엮은 속 빈 대나무가 담장 밖 벽송정으로 이어져 있었기 때문이다. 땅에 파묻은 대나무 위로는 기와까지 덮는 치밀함을 보였는데 길이가 무려 20여 간에 달했다. 한 간(間)은 대략 여섯 자로, 미터법으로 환산하면 1.8미터가 조금 넘는다. 따라서 땅속 대나무 길이는 성균관 안팎으로 무려 36미터나 되었던 것이다.

용도는 금방 밝혀졌다. 땅에 묻어 놓은 대나무 속을 길 삼아서 과거 시험지와 답안지를 노끈에 묶어 주고받았던 것이다. 이를 보고받은 숙종은 크게 분노하며 범인을 찾아내라고 지시했다. 그러나 임금의 지시에도 불구하고 끝내 범인을 찾지는 못했다. 아마 연루된 사람이 한둘이 아니어서 관련자 모두 입을 다물었기 때문으로 추측된다. 숙종 31년인 1705년에 벌어진 이 소동은 조선 후기 엉망이 된 과거제의 모습을 그대로 보여 주었다.

난장판의 시작은 과거 시험장

'여러 사람들이 뒤엉켜서 시끄럽게 떠들고 소란을 피우는 상태'를 '난장판'이라고 부른다. 놀랍게도 난장판은 바로 과거 시험장에서 선비들이 질서를 지키지 않고 소란을 피우던 모습에서 나온 말이라고 한다. 우리가 알고 있는 과거 시험장은 넓은 뜰에 돗자리를 일정한 간격으로 펴 놓고, 감독관이 지켜보는 가운데 선비들이 글을 적는 곳이다. 고요하고 조용한 곳이어서 사극에서 과거 시험장이 나오는 장면에는 배경 음악조차 깔지 않는 경우가 많았다. 그런데 어째서 과거 시험장은 난장판이 된 것일까?

"어, 밀지 마!"

"비키라고! 여긴 우리 접 자리야!"

"웃기시네! 여기가 어떻게 너희 접 건데?"

"뭐라고! 네놈이 주먹맛을 봐야 정신 차리겠어?"

"오냐! 한판 붙자! 덤벼!"

선접꾼들이 사방에서 아우성치며 당장이라도 주먹질할 것처럼 으르렁거리면 과거 시험을 감독하는 금란관은 말리기는커녕 도망치기 일쑤였다. 그 와중에도 과거 문제가 걸리는 현제판 앞을 차지하기 위한 선접꾼들의 다툼은 계속되었다.

조선 후기에 접어들면서 과거 시험장은 이렇게 고요함과는 거리가 멀어졌다. 시험을 보는 선비, 즉 거자(擧子)뿐만 아니라 선접꾼이라고 불리는 무뢰배, 대리 시험을 쳐 주는 거벽과 사

점점과 혼란의 시대를 걸어가다

우리가 상상하지 못했던
과거 시험장의 풍경

수들이 동행했고, 장사꾼과 거지들까지 몰려들었다고 한다. 과거 시험이 왜 이렇게 난장판이 되었는지 파악하기 위해서는 먼저 과거제에 대해서 살펴봐야 한다.

과거제의 역사

과거제는 동아시아의 관리 임용 제도이다. 일정 자격이 있는 응시자들을 한곳에 모아 놓고 시험을 치러 우열을 가린 뒤 좋은 성적을 거둔 응시자를 관리로 임용했다. 중국에서는 수나라 때 시작해서 송나라 때 자리 잡았고, 우리나라는 신라 원성왕 때 과거제와 비슷한 독서삼품과를 시행했으나 어영부영하다 사라진 적이 있다. 이후 고려 광종 때 남송에서 귀화한 쌍기라는 관리의 건의로 다시 시작됐다. 조선시대에 접어들면서 완전한 제도로 정착했고 조선 사회 전반에 큰 영향을 끼쳤다.

우리는 흔히 조선시대 지배층인 양반 혹은 사대부만 과거 시험에 응시할 수 있었다고 오해한다. 하지만 조선은 법적으로 신분을 양인과 천인으로만 구분했다. 천인은 노비와 백정같이 어딘가에 예속되어 있거나 천한 직업을 가진 사람을 일컫는다. 반면 양인은 천인을 제외한 모든 사람들로, 양반은 물론 일반 백성들도 포함된다. 즉, 천인을 제외한 모든 사람들이 과거 시험에 응시할 수 있었다. 그러나 사대부가 양반으로 인정받기 위해서는 과거에 합격해서 조정에 출사하는 것이 필수였고, 몇

대가 지나도 출사하지 못할 경우 자연스럽게 양반으로 인정받지 못했다.

임진왜란 당시 조선을 구한 영웅 이순신도 마찬가지였다. 할아버지가 관직을 역임했지만 아버지와 형제들이 과거에 합격하지 못하자 문과 대신 상대적으로 천시받던 무과에 응시했다. 자신마저 과거에 합격하지 못한다면 양반의 지위가 위태롭다고 여겼기 때문이다. 평생 동안 일기를 쓴 것으로 유명한 경북 선산 출신의 노상추도 비슷한 처지였다. 그는 문과 시험에서 연거푸 낙방하자 결국 붓을 던지고 무과에 도전해서 급제했다.

이처럼 과거에 도전해 합격하는 일은 사대부 남성이 평생토록 해내야 할 도전 과제이자 꿈이 되었다. 따라서 조선의 과거제는 고려 때보다 훨씬 더 복잡해지고 어려워졌다. 우선 시험이 크게 문과, 무과, 잡과로 나뉘었다. 문과는 다시 소과와 대과 두 단계로 진행되었다. 소과는 초시와 복시 두 차례에 걸쳐 전국의 선비들을 대상으로 치르게 했다. 소과에서는 최종적으로 약 200명의 합격자를 배출한다. 소과 합격자는 종9품의 관직을 받거나 성균관에 입학해서 일정 기간 공부하고 대과에 도전하게 된다.

대과는 초시와 복시, 그리고 전시까지 세 번의 시험을 치르는데 초시에서 200명, 복시에서 최종 합격자 33명을 뽑는다. 전시는 이 33명 합격자가 다시 시험을 치러 순위를 가리는 제도로, 여기에서 가장 우수한 성적을 거두면 그 유명한 장원 급제자가 되는 것이다. 시험은 지금의 논술과 같은 방식으로 치

정약과 혼나의 시기에 걸머나다

우리가 상상하지 못했던
과거 시험장의 풍경

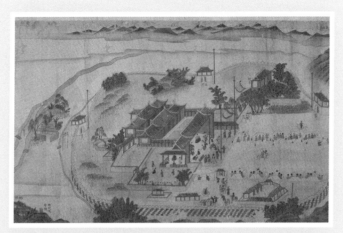
함경도에서 실시한 과거 시험 ©국립중앙박물관

러졌다. 전시는 임금이 직접 국정 현안에 대한 문제를 내기도
했다.

그나마 조선 전기에는 큰 문제가 없었다. 그러나 임진왜란과
병자호란을 거치며 사회가 혼란해지자 원칙과 법도가 사라지
면서 본격적으로 흔들리게 되었다. 게다가 후기로 갈수록 인구
가 늘어나 자연스럽게 과거를 보는 응시자 수도 늘어났다. 이
런 상황이 이어지자 전기에는 겪지 않았던 혼란이 찾아왔다.

과거 시험을 조용하고 정숙한 분위기에서 치를 수 없었던 데
는 이유가 있었다. 첫째, 응시자가 전국적으로 수만 명 혹은 수
십만 명에 달한 데다 응시자들 나름대로 절박했기 때문이다.

둘째, 시험 응시자의 신분을 확인할 수 있는 장치가 없었다. 지금처럼 신분증으로 확인하거나 사전 접수가 불가능했기 때문에 일단 시험을 볼 자격이 있는 사람들은 전부 몰려들었고, 당연히 엄청난 혼란이 벌어졌다. 셋째, 오늘날 학교처럼 칸칸이 나뉜 공간이 없어 지방의 경우 감영의 넓은 뜰을 그대로 사용했기 때문에 통제가 훨씬 어려웠다.

시험장이 혼란했던 결정적인 이유는 바로 시험 문제지를 일일이 나눠 주지 못했기 때문이다. 따라서 과거 응시자들은 시험 문제가 걸리는 현제판 앞자리를 차지하느라 온 힘을 쏟아야 했다. 자칫 뒤로 밀려났다가는 시험 문제를 적는 데 많은 시간을 쓰느라 제때 답안지를 제출하지 못하는 낭패를 당할 수 있었다. 실제로 시험 당일에 과거 합격자를 발표하느라 시간이 매우 촉박한 탓에 모든 답안지를 확인하지 못하고, 먼저 제출된 것들 중에서 뽑기도 했다. 그렇다 보니 응시자 입장에서는 어떻게든 현제판 앞에서 시험 문제를 빨리 베껴 쓰고 답안지를 제출하는 것이 합격에 유리했다.

갈수록 늘어나는 과거 응시자와 부정 행위

숙종 때가 되자 소과 초시 응시자가 10만 명에 달했다. 그야말로 아수라장이 펼쳐지면서 각종 부정 행위가 줄을 이었다. 다른 응시자의 답안지를 베끼거나, 커닝 페이퍼를 작성하거나,

과거와 훈련도감 시기를 걷는다

우리가 상상하지 못했던
과거 시험장의 풍경

아예 책을 가지고 들어와서 베끼기도 했다. 1686년에는 성균관의 명륜당에 제사를 지내러 왔던 숙종이 시험을 주관한다는 소문을 들은 응시자들이 구름 떼처럼 몰려왔다. 이들은 담장을 무너뜨리고 무리하게 시험장 안으로 들어오려다가 8명이나 밟혀 죽기도 했다.

돈과 권력을 가진 응시자들이 답안지를 빨리 제출하기 위해 선접꾼, 거벽, 사수를 고용한 것은 어찌 보면 당연한 일이었다. 이렇게 시험에 필요한 여러 명이 '접'이라는 한 팀이 되는 경우가 많았다. 주로 무뢰배나 무과 응시자 출신으로 구성된 선접꾼의 임무는 간단했다. 시험장이 문을 열면 재빨리 밀고 들어가서 현제판이 잘 보이는 곳에 자리 잡는 것이다. 햇빛을 피할 일산(큰 양산)을 펴고 돗자리를 펼쳐 놓으면 임무가 완수된다. 그러나 좋은 자리는 한정되어 있는데, 그걸 차지하고 싶은 사람은 한둘이 아니라는 점이 문제였다. 결국 선접꾼들끼리 자리를 놓고 다툼을 벌이다 심하게 다치는 사람까지 나왔다. 그야말로 난장판이 되고 만 것이다.

선접꾼끼리의 난투극이 대략 정리되고 나면 과거 시험에 응시하는 거자들이 들어왔다. 그들 중에 일부는 글을 잘 짓는 거벽, 글씨를 잘 쓰는 사수를 데리고 들어왔다. 앞서 선접꾼이 맡아 놓은 좋은 자리에 앉으면 거자 대신 거벽과 사수들이 바쁘게 움직였다. 거벽이 문제를 베끼고 답을 적어 놓으면 사수가 재빠르게 깨끗한 글씨로 다시 적었다. 이렇게 거벽과 사수의 손을 거쳐서 완성된 답안지는 다시 선접꾼에게 건네졌고, 선접꾼이 달려가서 재빨리 제출하는 것으로 마무리되었다.

　이런 식으로 과거를 본 응시자들은 물론 세도가의 자제들이었다. 당대의 실학자이자 지식인들은 난장판이 된 과거 시험장을 비판하면서 해결을 촉구했다. 하지만 과거에 목숨을 걸어야 하는 선비들이 수두룩한 세상은 쉽게 변하지 않았다. 아니, 변할 수 없었다.

과거제의 빛과 그림자

　원래 과거 시험은 장점이 많은 제도였다. 집안의 배경을 이용해 고위직에 오르는 것을 배제하고 공정한 시험을 통해 관료를 선발하는 방식이었기 때문이다. 이런 방식은 추천이나 천거, 혹은 세습보다 훨씬 공정했으므로 실력 있는 관리를 선발할 수 있었고, 결과적으로 국가 체제의 안정에 기여했다. 시험 응시자들 역시 열심히 공부해서 합격하면 출세할 수 있다는 희망을 가질 수 있었다. 신분제가 존재하고 차별이 일상화되었던 전근대 사회에서 오직 자신의 능력만으로 발탁된다는 것은 엄청난 기회였던 셈이다.

　하지만 단점도 존재하기 마련이다. 오로지 시험 성적만 보고 뽑기 때문에 개인의 능력을 제대로 볼 수 없었다. 그리고 과거 제도의 공정함을 보장하는 제도적 · 법적 장치가 무너질 경우 극심한 부정부패로 인해 엉뚱한 사람이 합격할 수 있다. 실제

조선과 효산의 시대를 만나다

138

우리가 상상하지 못했던
과거 시험장의 풍경

로 조선 후기에 접어들면 대부분의 과거 합격자가 한양에 거주하는 경화세족, 즉 귀족화된 양반의 자제들이었다.

더 큰 문제는 열의를 가지고 도전하던 응시자들이 이런 모습을 보고 포기하고 돌아섰다는 것이다. 일말의 희망조차 사라져 버린 그들은 붓을 꺾고 다시는 과거 시험을 보지 않았다. 그리고 조정과 나라에서 점점 멀어졌다. 조선 후기 선비인 매천 황현이 쓴 『매천야록』에는 경화세족들이 과거 시험을 어떻게 생각했는지 알 수 있는 대목이 나온다.

자리에 누워서 조보(조정에서 발행한 신문)를 뒤적거리던 경화세족의 자제가 과거 시험을 본다는 소식을 듣고는 이렇게 외쳤다고 한다.

"거벽과 사수는 어디 있느냐?"

◉ **금란관:** 조선시대에 과거를 보는 시험장이 혼란해지는 것을 막기 위하여 임시로 둔 벼슬.

◉ **독서삼품과:** 신라시대 때 귀족 자제에 한하여 상·중·하 삼품으로 나누어 성적을 심사하고 결정하여 관리로 등용하던 제도. 원성왕 4년인 788년에 국학(國學)에 설치했음.

139

반촌 사람들

성균관은 고려시대 국립대학 '국자감'에서 시작된 조선시대 유일한 국립대학이자, 공자를 비롯한 성현들을 모시고 제사를 지내는 공간이었다. 조선이 건국된 후 고려의 수도 개경에서 한양으로 천도하면서 옮겨 왔다. 이때 성균관의 각종 허드렛일을 맡았던 300명의 노비들도 같이 옮겨 왔다. 이들은 자연스럽게 성균관 주변에 모여 살았다. 성균관의 별칭이 반궁이었기 때문에 성균관 주변에 만들어진 마을을 '반촌'이라고 불렀다.

반촌에 거주하는 사람들은 '반인'이라고 불렀다. 신분상으로는 노비였지만 성균관에서 일했기 때문에 특별한 대우를 받았다. 일단 이들이 살고 있는 반촌은 순라군(밤에 궁궐과 장안 안팎을 순찰하던 군졸)들이 함부로 드나들지 않았다. 만약 도둑을 잡는다고 들어가서 소란을 피우면 오히려 처벌받았다.

반촌 사람들 중 일부는 소고기를 도축해서 파는 정육점, 즉 현방을 운영하기도 했다. 농업 국가인 조선에서는 소의 도살을 엄격하게 금지했지만, 성균관에서 지내는 제사에 사용할 고기가 필요했기 때문에 반인들에게 도축하도록 하고, 남은 고기는 판매를 허락했다. 시간이 흘러 소고기 수요량이 늘자 조정에서는 반인들에게 소를 도축하고 고기를 판매할 수 있는 독점권을 주었다. 이를 통해 공급량을 조절하는 한편 성균관의 운영 재원으로 충당했다.

반촌 사람들은 신분을 뛰어넘어 성균관 유생들과 가깝게 지내기도 했다. 성균관 유생들 중 일부가 반촌에서 하숙하며 지내기도 하고, 성균관에서 공부하다 과거에 합격해서 관리가 되면 반인이 운영하는 현방 영업을 물심양면으로 돕기도 했다.

정조 11년인 1787년에는 반회 사건이 벌어졌다. 반촌에 있는 김석대의 집에서 성균관 유생 정약용과 강이원 등이 조선인 최초로 세례를 받은 천주교인 이승훈과 함께 천주교 교리를 연구하다가 발각된 것이다. 당시 천주교를 탄압하던 사회적 분위기에선 극히 위험한 일이었다. 이런 위험한 모임을 가진 장소가 바로 반촌이었다는 사실은 성균관 유생과 반인의 관계가 얼마나 끈끈했는지 보여 준다.

3부

흔들리는 듯싶어, 또 다른 시작을 맞이한다

임금을 암살하라!

: 존현각 정조 암살 미수 사건(1777년)

잘 알려지지 않은 궁궐, 경희궁

경복궁이나 창덕궁, 그리고 덕수궁 같은 다른 궁궐에 비해 경희궁은 잘 알려져 있지 않다. '경희궁의 아침'이라는 오피스텔이 분양되면서 처음 존재감을 드러냈다는 농담 아닌 농담도 떠돌곤 했다. 그러나 경희궁은 조선 후기 많은 임금들에게 사랑받은 곳이다.

경희궁은 본래 궁궐이 아니라 인조 아버지 정원군의 저택이었다. 그런데 이곳에 왕기가 흐른다는 소문이 돌자 1615년 광해군에게 저택을 빼앗긴다. 광해군은 비운의 개혁 군주로 알려져 있지만 궁궐 덕후이기도 했다. 막대한 돈을 들여서 여러 궁

145

궐을 중건(왕궁을 보수하거나 고쳐 지음)했는데, 국가 예산과 물자의 상당 부분을 잡아먹어 당대는 물론 후대에도 크게 비난받았다. 광해군이 정원군의 집터에 지은 새 궁궐이 바로 경희궁의 전신인 '경덕궁'이었다. 하지만 그는 기껏 만들어 놓은 경덕궁에 머물지 못한다. 1623년에 인조반정이 일어나 왕위에서 쫓겨났기 때문이다.

조선 전기에 경복궁과 창덕궁이 각각 법궁과 이궁으로 이용되었다면, 임진왜란 이후에는 창덕궁과 경덕궁이 법궁과 이궁으로 사용되었다. 법궁은 임금이 정사를 돌보며 생활하는 궁궐, 이궁은 법궁에 화재나 전염병 등 문제가 발생했을 때를 대비해 지은 궁궐을 뜻한다.

인조반정으로 인해 창덕궁이 불탔고, 연이어 일어난 이괄의 난으로 창경궁마저 잿더미가 되면서 경덕궁이 법궁 역할을 맡게 된다. 그러면서 차츰 주요 궁궐로 자리 잡아 갔다. 특히 숙종은 경덕궁에서 태어나고 자랐기에 많은 애착을 보였고, 뒤를 이은 경종 역시 이곳에서 태어났다. 영조가 즉위한 후 '경희궁'으로 이름이 바뀌었는데, 정원군을 원종으로 추증하면서 경덕이라는 시호를 사용했기 때문이다. 정조 또한 경희궁에서 즉위식을 가졌다.

이렇게 임금들의 거처로 사용된 경희궁은 1,000여 칸이 넘는 큰 규모를 자랑했으며, 멀리 인왕산이 올려다보여서 경치가 일품이었다. 하지만 불타 버렸던 창덕궁과 창경궁을 중건하면서 경희궁은 점차 외면받다 사라지게 된다. 흥선대원군이 주도한

경복궁 중건에 필요한 목재와 기와를 구하기 위해서 경희궁의 전각을 철거한 것이다.

깊은 밤 존현각에서 벌어진 일

　이렇게 사라진 경희궁의 전각들 중에 존현각이 있다. 이곳은 정조에게 특별한 곳이었다. 정조는 아버지 사도세자가 뒤주에 갇혀 비참하게 죽고 난 후, 할아버지 영조에 의해 왕세손으로 책봉되면서 경희궁으로 들어오게 된다. 아버지를 죽인 할아버지와 같은 공간에서 지낸다는 것은 큰 고역이었다. 특히 아버지에 이어 정조 역시 해치려고 시도하는 세력들이 만만치 않았기 때문에 바늘방석에 앉은 기분이었을 것이다. 정조는 존현각에 머물면서 책을 읽는 장소로 애용했으며, 위기에 처했던 당시의 일을 「존현각일기」로 남겼다.
　그의 존재는 많은 사람들을 불편하게 만들었다. 사도세자의 죽음과 연관된 노론 벽파 세력들은 어떻게든 정조의 즉위를 막으려고 했다. 이때 앞장서서 정조를 집요하게 괴롭힌 사람은 사도세자의 장인 홍봉한의 동생 홍인한과 화완옹주의 양자 정후겸이었다. 두 사람은 측근을 시켜 정조가 머물던 동궁을 몰래 엿보거나 유언비어를 퍼트리기도 하고, 보호자와 다름없던 홍국영을 탄핵했다. 특히 영조가 말년에 정조에게 대리청정을 맡기려고 하자 있는 힘을 다해 반대하면서 험한 말도 서슴지 않았다.

"동궁께서는 노론과 소론에 대해서 아실 필요가 없고, 이조판서와 병조판서에 누가 합당한지 아실 필요가 없으며, 더군다나 조정의 일에 대해서는 아실 필요가 없습니다."

그럼에도 불구하고 정조는 영조의 뒤를 이어 우여곡절 끝에 즉위한다. 정조는 자신을 괴롭힌 홍인한과 정후겸을 멀리 귀양 보냈다가 처형했다. 그 후로 눈에 띄는 보복은 없었지만 단지 시간 문제일 뿐이라는 사실은 누구나 다 알고 있었다.

궁지에 몰린 이들은 끔찍한 선택을 한다. 바로 정조를 시해하기로 한 것이다. 한때 베스트셀러였던 『조선 왕 독살사건』에 나오듯 조선 임금들 중 상당수는 독살당했다는 의혹을 받고 있다. 하지만 어디까지나 의혹일 뿐이다. 반면 정조에 대한 암살 시도는 글자 그대로 직접 살해하겠다는 의도를 드러낸 것이다. 조선 왕조 500년을 통틀어서 유일하게 직접적으로 암살을 시도한 사건이다. 그만큼 암살자들이 다급했다는 뜻이며, 궁궐 안에서 협조자를 쉽게 구할 수 있었다는 뜻이기도 하다.

암살의 공식적인 배후는 홍계희의 손자 홍상범이었다. 1726년, 경기도 관찰사로 있던 홍계희가 사도세자의 비행을 고발해서 죽음에 이르게 했기 때문이다. 따라서 손자인 홍상범 입장에서는 정조의 즉위가 자신은 물론 집안 전체의 몰락을 예고하는 느낌이었을 것이다. 특히 황해도 관찰사로 있던 아버지 홍술해가 국고를 횡령했다는 이유로 흑산도로 유배를 가자 무시무시한 결심을 한다. 정조를 죽임으로써 가문을 위기에서 구해 내

려고 생각했던 것이다.

그러나 임금의 암살은 결코 쉽지 않은 일이었다. 궁궐의 경계가 삼엄한 것은 둘째 치고 임금이 머물고 있는 정확한 위치를 알 수 없었다. 홍상범은 일단 암살자를 물색했는데, 천민 출신으로 힘이 장사인 전흥문이 눈에 띄었다. 홍상범은 그를 자신의 여종과 혼인시키고 돈을 두둑하게 챙겨 준 다음 은밀히 속내를 털어놓았다.

"무도한 임금을 없애고 나라를 바로잡으려고 하네. 자네가 도와주게."

"돈도 주시고 혼인도 시켜 주셨으니 응당 따라야지요."

그의 동료는 호위군관 강용휘였다. 홍상범은 자신의 말을 따른다면 높은 벼슬을 주겠다며 강용휘를 유혹했다. 홍상범이 그와 접촉이 가능했던 것은 궁궐 안에 연결 고리가 있었기 때문이다. 그에게는 궁궐 별감으로 일하던 강계창이라는 친척이 있었다. 나인이었던 강용휘의 딸 강월혜도 음모에 가담했다. 전흥문과 강용휘가 궁궐에 침입하면 강계창과 강월혜가 기다리고 있다가 정조가 있는 곳으로 안내해 주는 역할을 맡았다. 정조가 존현각에 있다는 사실을 알려 준 것도 이들일 것이다. 넓디넓은 궁궐에서 임금이 있는 존현각까지 가려면 내부자의 도움이 필수였다.

정조 1년인 1777년 7월 28일, 두 암살자는 정조가 밤늦도록 책을 읽고 있던 존현각까지 도달한다. 조선 왕조 역사상 암살자와 임금이 이렇게까지 가까이 있던 적은 없었다. 강계창이 그날 편전의 중문인 차비문을 지키며 숙직했기 때문에 쉽게 길을 안내해 줄 수 있었다.

그런데 존현각 지붕까지 올라간 두 사람이 한 일은 대단히 괴이했다. 기와에 모래를 뿌리고 지붕을 이리저리 뛰어다닌 것이다. 언뜻 보면 귀신이 날뛰는 것처럼 보였는데, 아마 정조가 놀라서 밖으로 뛰쳐나오게 할 목적이었던 것 같다. 하지만 정조는 침착하게 대응했다. 촛불을 끄고 조용히 기다린 것이다. 아무리 소란을 떨어도 존현각 안에서 아무 반응이 없자 암살자들은 당황하고 말았다.

"아니, 왜 아무도 나오지 않는 건가?"

철편을 움켜쥔 전흥문의 물음에 뒤춤에 칼을 꽂은 강용휘가 당황한 말투로 대답했다.

"혹시 이곳에 없는 건 아니겠지?"

그사이 내관들이 부른 금위군이 횃불을 들고 다가오자 두 사람은 후일을 도모하고 흩어졌다. 소식을 듣고 달려온 정조의 측근이자 도승지 홍국영은 대번에 암살 시도라는 것을 알아차렸다.

"전하! 전하께서 계신 곳은 신성하기 그지없고 신령들이 지키는 곳인데 어찌 도깨비들이 날뛸 수 있겠습니까? 이는 분명 흉적(흉악한 도적)이 침입한 것이 틀림없습니다."

"과인도 그리 생각하노라."

정조의 말을 들은 홍국영이 힘주어 말했다.

"침입자가 하늘을 나는 새나 달리는 짐승이 아닌 이상 궁궐

임금을
암살하라!

의 담장을 쉽게 넘지는 못할 것입니다. 즉시 대궐 안을 두루 수색하도록 허락해 주시옵소서."

"윤허한다."

지시를 받은 홍국영은 즉시 금위군과 무예별감을 집결시켜 경희궁의 안팎을 수색하도록 했다. 하지만 밤이 깊었던 탓에 암살자들을 붙잡는 데 실패했다. 전흥문은 풀숲에 숨어 있다가 흥원문을 통해 빠져나갔고, 강용휘는 금천교 밑 수문을 통해 밖으로 나가는 데 성공한 것이다. 홍국영은 침입자가 누구인지 알아보려고 했지만 쉽사리 찾아낼 수 없었다. 위기감을 느낀 홍국영은 정조에게 창덕궁으로 거처를 옮길 것을 건의한다.

두 번째 암살 시도

존현각에서 첫 번째 암살을 시도한 후 대략 보름이 지난 8월 11일 밤, 열일곱 살 수포군 김춘득은 창덕궁 경추문 앞에 엎드려서 주변을 감시 중이었다. 칠흑같이 어두운 밤에 누군가 경추문 앞에 나타나서 나지막한 목소리로 외쳤다.

"수포군! 수포군 있느냐!"

김춘득의 옆에 나란히 엎드려서 반쯤 졸고 있던 김세징이 그 소리에 반응하자 김춘득이 얼른 입을 틀어막았다. 김세징이 왜 그러느냐는 눈으로 쳐다보자 김춘득이 속삭였다.

"밤중에 군호가 아닌 수포군이라고 부르는 게 이상하잖아.

일단 조용히 지켜보자."

　김세징이 고개를 끄덕거린 뒤에야 김춘득은 조심스럽게 입에서 손을 뗐다. 그 후로도 낯선 그림자는 몇 번이나 수포군이 있느냐고 외쳤고, 아무런 반응이 없자 경추문 근처 담장을 넘어가려고 했다. 엉거주춤 올라가는 그림자를 바라보던 김춘득과 김세징이 번개같이 달려들어서 누군가를 붙잡았다. 근처에 잠복해 있던 다른 수포군 김춘삼과 이복재도 달려들었다. 네 명의 수포군에게 붙잡힌 사람은 다름 아닌 전흥문이었다. 첫 번째 암살 시도가 실패로 돌아가자 대담하게도 두 번째 암살 시도를 위해 창덕궁으로 침입하려고 했던 것이다.

　체포된 전흥문은 신문을 받게 되자 암살의 배후를 털어놓았다. 그에게 정조 암살을 지시한 홍상범은 물론 관련자들은 모두 체포되었고, 역모죄로 처벌받았다. 하지만 홍상범의 배후에 누가 있었는지는 끝끝내 밝혀지지 않았다. 한때 정순왕후를 모시는 궁녀들이 신문받기도 했지만 별다른 성과는 없었다.

　즉위하자마자 두 번이나 암살 위기를 넘긴 정조는 이후 조선을 부흥시키는 정책들을 펼쳤다. 신해통공을 통해 상품의 독과점을 없애 자유로운 상업 활동이 가능하게 했다. 그리고 정권을 장악한 노론을 견제하기 위해 오랫동안 몰락했던 남인을 등용해서 당파를 초월한 탕평책을 실시했다. 뿐만 아니라 서자 출신 실학자들을 대거 규장각의 검서관으로 임명하여 측근으로 삼았다. 조선 후기 실학의 전성시대가 바로 정조의 재위 기간과 상당히 일치한다. 또한 왕권을 강화하고 군제를 개혁하기 위해

왕을 전담하여 호위하는 군대인 장용영을 설치하기도 했다.

정조가 재위한 기간은 훗날 세도 정치로 넘어가기 전 조선의 마지막 부흥기로 기억되고 있다. 만약 정조가 뜻을 펼치기도 전에 암살당했더라면 실학과 수원 화성 등은 세상에 모습을 드러내지 못했을 것이고, 세도 정치가 수십 년은 앞당겨졌을 것이다.

◉ **추증:** 종이품 이상 벼슬아치의 죽은 아버지, 할아버지, 증조할아버지에게 벼슬을 주던 일. 또는 나라에 공로가 있는 벼슬아치가 죽은 뒤에 품계를 높여 주던 일.

◉ **수포군:** 밤에 궁궐의 문을 지키던 군사.

◉ **검서관:** 조선 후기에 규장각 각신을 도와 서책의 교정 및 글씨를 베끼는 일을 맡아보던 벼슬.

금난전권과 신해통공

조선은 농업을 국가의 근본으로 삼았기 때문에 상대적으로 상업을 천시했다. 하지만 국가 운영에는 다양한 물품이 필요할 수밖에 없다. 한양을 도읍으로 정한 뒤 궁궐과 성곽을 쌓을 때, 육조거리 앞에 행랑을 수백 채 지어 상점을 운영하도록 했다. 곡식부터 옷감을 비롯한 각종 생필품을 모두 팔았기 때문에 한양 사람들은 물론 인근 지역에 사는 사람들까지 이용했다. 때문에 사람들이 구름처럼 모인다고 해서 '운종가'라고도 불렀다.

운종가 상인들은 국가에 세금을 내며 안정적으로 상업 활동을 할 수 있었으나 조선 후기로 접어들면서 변화를 맞이한다. 고향에서 먹고살기 힘들어서 한양으로 올라온 사람들은 품삯을 받고 일하거나 장사를 해서 먹고살아야만 했다. 이들이 허가받지 않고 물건을 파는 가게를 '난전'이라고 불렀다.

난전의 등장으로 상품 독점권이 무너진 운종가 상인들이 크게 반발한다. 그러자 조정에서는 부족한 재정을 보충하기 위해 국역을 부담시키는 대신 운종가 상인들에게 '금난전권'을 주었다. 금난전권은 도성과 도성 인근 10리 안에서 난전을 금지한다는 뜻으로, 특히 국가에서 필요로 하는 여섯 가지 물품을 다루는 육의전의 금난전권을 강력하게 시행했다.

하지만 금난전권 시행은 여러 가지 문제점을 낳았다. 무엇보다 나날이 발달하던 상업의 성장을 가로막았다. 게다가 상품 독점권을 가진 운종가 상인들이 높은 가격을 고수하자 소비자인 백성들은 부담이 커질 수밖에 없었다. 이를 계기로 금난전권을 철폐해야 한다는 목소리가 높아져 갔다.

결국 정조 15년인 1791년, 육의전을 제외한 시전 상인들의 금난전권을 폐지하는 '신해통공'이 발표되었다. 이것은 백성들의 부담을 낮추는 측면도 있었지만, 당시 운종가 상인들이 주로 노론의 유력 가문과 손잡고 그들에게 자금을 대는 역할을 한 것과도 연관이 있다. 즉, 아버지 사도세자를 죽인 노론 세력에 대한 반감이 작용한 한편 탕평책을 지속적으로 추진하기 위해서는 노론의 자금줄을 차단해야 했기 때문이다. 이런 정치적인 목적에도 불구하고 신해통공은 결과적으로 운종가 상인들의 독점권이 막고 있던 상업 활동을 자유롭게 했다.

제주 여인의 소원

: 거상 김만덕, 금강산에 오르다(1796년)

김만덕의 소원

제주목 관아 연희각에 있던 제주 목사 이우현은 밖에서 들려
오는 아전의 목소리에 퍼뜩 정신을 차렸다.

"목사 나리, 김만덕이 도착했사옵니다."

목을 가다듬은 이우현이 문 밖에 대고 외쳤다.

"들라 하라."

"예이~!"

길게 뺀 아전의 목소리가 채 사라지기도 전에 문이 열렸다.
그러자 연희각 맞은편에 있는 귤림당 앞에서 한양으로 올려 보
낼 감귤을 포장하는 모습이 먼저 보였다. 잠시 후 대청에 있던

김만덕이 그에게 인사했다. 그녀는 큰 키에 체격도 건장한 편이었다. 반백의 머리를 틀어서 말았는데 수수한 비녀를 꽂았다. 평범해 보이지만 제주도에서 가장 큰 객주를 운영하는 여장부였다. 당시 제주도에는 그녀에 대한 온갖 나쁜 소문들이 돌고 있었다. 제주 목사였던 아버지를 만나러 온 학자 심노숭은 김만덕에 대해 악평을 남기기도 했다.

> 만덕이 기생 노릇을 할 때 품성이 음흉하고 인색하기 그지없었다. 남자가 돈이 많으면 따랐다가 돈이 떨어지면 떠나 버렸는데 옷가지마저 빼앗아 갔다. 그래서 그녀가 지닌 바지저고리가 수백 벌이었다고 한다. 그 바지를 늘어놓고 햇볕에 말리는 것을 본 동료 기생마저 침을 뱉고 욕을 했다. 그렇게 번 돈으로 만덕은 제주에서 가장 큰 부자가 된 것이다.
>
> - 『효전산고』 중에서

하지만 제주도 백성들은 사실이 아니라고 손사래를 치면서 그녀와 경쟁하는 다른 객주에서 모함한 것이라고 했다. 한 사람이 상반된 평을 듣는다는 것은 대체로 평탄한 삶을 살지 못했다는 뜻이었기 때문에 이우현은 개인적으로 그녀의 삶이 궁금해졌다. 그가 생각에 잠겨 있는 사이 대청에서 무릎을 꿇은 김만덕이 절을 올렸다.

"김만덕이라고 하옵니다."

"들어오게."

이우현의 말에 김만덕이 조심스럽게 방으로 들어와 방석 위에 앉았다. 부드러운 콧잔등에 초승달 같은 눈썹은 그녀가 젊었을 적 제주 최고의 기생이었다는 사실을 일깨워 주는 것 같았다. 이우현의 시선은 김만덕의 눈으로 향했다. 육지에서부터 들은 한 가지 소문 때문이었다. 그런 이우현에게 김만덕이 물었다.

"목사 나리도 그 소문을 들으셨습니까?"

"소, 소문이라니?"

이우현이 조심스럽게 반문하자 김만덕이 가볍게 웃으면서 그를 바라봤다.

"제가 겹눈동자라는 소문 말입니다."

가볍게 껌뻑거리는 그녀의 눈동자를 본 이우현이 쓴웃음을 지었다.

"헛소문이로군."

잠시 침묵이 흐르고 김만덕이 물었다.

"저를 부르신 연유가 무엇이옵니까?"

이우현은 한양에서 내려온 문서가 놓인 경상을 바라봤다.

"조정에서 어명이 내려왔네."

"어명이라니요?"

"자네가 사재를 털어 육지에서 곡식 500섬을 사들여 굶주림에 시달리는 제주 백성들을 구휼해 주었다는 소식을 들으신 모양일세. 남자도 하기 어려운 일을 했다면서 소원이 무언지 물으라고 하셨네."

제주 여인의
소원

"사람으로서 당연히 해야 할 도리를 했을 뿐입니다."

"자네가 아니었다면 제주도 백성들의 상당수가 굶주려 죽었을 걸세. 그러니 소원을 말해 보게."

이우현의 거듭된 재촉에 잠시 고민에 잠겨 있던 김만덕이 마침내 입을 열었다.

"제 소원은……."

고난과 역경의 섬, 제주도

제주도는 여러모로 육지와는 다른 곳이다. 삼국시대에는 탐라국이라는 하나의 독자적인 국가였고, 고려 후반까지도 독립성이 어느 정도 유지되었다. 그러나 조선이 건국된 이후부터 독립성은 차츰 약해져 갔다. 중앙 집권제를 채택한 조선에서 제주도를 그냥 놔둘 이유가 없었기 때문이다. 제주목 목사가 파견되고, 대정현과 정의현으로 구성된 1목 2현제가 정립되며 탐라는 사라지고 제주도로 바뀌었다.

조선은 제주도를 철저하게 육지에 예속시켰다. 어업을 금지시켜 육지에서 식량을 구하도록 했고, 조정에 말과 감귤을 바치는 의무를 다하도록 했다. 뿐만 아니었다. 제주도의 토착 신을 섬기는 향당을 없애고, 향교를 세워서 제주도 백성들의 정신세계까지 지배하려고 들었다.

이런 가운데 고통받는 것은 결국 제주도 백성들이었다. 어업을 할 수 없어 척박하고 물이 부족한 제주도에서 힘겹게 농사를 지어야 했기 때문이다. 특히 제주도 백성들을 괴롭힌 것은 말과 감귤이었다.

고려 때 몽골이 제주도의 삼별초를 제압하기 위해 들어온 말은 백성들의 삶을 굴레처럼 옭아맸다. 조선은 명나라가 요구하는 막대한 수의 말을 제주도에서 징발했다. 말을 기르고 운반하는 일은 제주도 백성들에게 아무런 경제적인 이득을 주지 못했다. 오히려 목장에 예속된 채 말을 길러야 하는 고통만 안겨주었다. 한술 더 떠서 기르던 말이 죽으면 배상을 해야 했는데, 자신뿐만 아니라 가족들까지 노비로 팔아서 갚는 극단적인 경우도 생겼다.

감귤 역시 마찬가지였다. 고려 때 공물로 바치던 관습이 조선시대까지 그대로 이어졌는데, 육지에서는 맛볼 수 없는 희귀한 과일이었기 때문이다. 봄이 되면 관리들이 돌아다니면서 민가의 감귤 나무 수는 물론 가지에 달린 열매까지 세어 기록했다. 수확할 때가 되면 그 수에 맞춰 감귤을 걷어 갔다. 감귤 수확에 대한 보상은 아무것도 없었다. 제주도 백성들은 일부러 감귤 나무뿌리에 뜨거운 물을 부어 말려 죽일 정도로 힘겨워했다. 이런 가혹한 삶에서 벗어날 수 있는 방법은 제주도를 떠나는 것뿐이었다. 제주도 백성들이 섬을 떠나는 일이 빈번해지자 조정에서는 아예 출륙 금지령을 내렸다.

흔들리는 조선, 포 나는 시대를 꿈꾸다

제주 여인의
소원

제주도 여인 김만덕, 스스로 삶을 개척하다

　김만덕은 이런 가혹한 섬, 제주도에서 태어났다. 설상가상으로 어릴 때 부모가 모두 죽는 비극을 겪었다. 고아가 된 김만덕은 먹고살기 위해서 제주 관아 관기의 수양딸로 들어갔는데 몸종이나 다름없는 신세였다. 어린 만덕은 노래를 잘 부르고 춤도 잘 추었을 뿐만 아니라 악기를 다루는 솜씨 또한 뛰어나서 자연스럽게 기생의 길을 걷게 되었다. 무엇보다 책을 많이 읽은 덕분에 육지에서 온 고위 관료들과 쉽게 대화할 수 있었다고 한다. 이런 장점들 때문에 김만덕은 많은 인기를 얻었을 것이다.

　기생으로 명성을 떨친 그녀가 객주를 열고 장사를 시작한 이유는 정확히 알 수 없다. 확실한 사실은 그녀가 관기 신분에서 풀려난 후 객주를 운영하기 시작했고, 대성공을 거두어 큰돈을 벌었다는 점이다. 당시 엄격한 유교 사회에서 여성의 몸으로 객주를 운영했을 뿐만 아니라 사업적으로도 엄청나게 성공했다는 사실은 정말 놀랍다.

　김만덕은 어떻게 이런 삶을 살 수 있었던 것일까? 무엇보다 신분 해방 투쟁에서 성공했기 때문이다. 그녀는 관아에 찾아가 자신이 원래는 양인이었다며 신분을 회복시켜 달라고 끊임없이 설득하고 호소했다. 결국 김만덕은 스무 살 무렵, 양인 신분을 회복했다. 그러나 부모를 모두 잃은 관기 출신 여성이 제주도에서, 아니 조선에서 할 수 있는 것은 거의 없었다.

김만덕은 포기하지 않고 객주업에 뛰어든다. 당시 제주도에서는 조선 사회에 필요한 물건을 많이 공급했다. 말과 감귤은 물론이고 말총과 각종 해산물 등을 육지로 보냈다. 특히 갓과 망건을 만드는 데 필요한 말총은 제주도의 주요 특산물이었다. 김만덕은 아마 이런 물건들을 매매하고 제주도에 필요한 곡식과 소금 등을 들여오는 일을 했을 것이다.

장사에 탁월한 소질을 가지고 있었는지 객주는 금방 자리 잡았다. 하지만 김만덕이라는 굴러온 돌을 싫어한 다른 객주들의 견제가 만만치 않았다. 그들에게 모함을 받아 감옥에 갇혔다가 백성들의 탄원으로 풀려나기도 했다. 심노숭이 남긴 김만덕에 대한 악평 역시 이들에게서 들었을 가능성이 높다. 그런데 얼마 후 김만덕은 운명적인 사건을 맞이한다.

굶주린 제주 백성을 살리다

제주도는 몇 해 동안이나 계속된 흉년과 태풍으로 극심한 식량 부족에 시달린다. 자급자족이 어려울 땐 육지에서 곡식을 실어 와야 하는데, 태풍 때문에 배가 뜨지 못해 이마저도 어려웠다. 제주도의 곡식 값은 천정부지로 뛰었고, 돈이 많아도 곡식을 구하지 못하는 사태가 벌어졌다. 1794년에는 제주 목사가 조정에 구휼미를 요청했으나 쌀을 실은 배 일부가 침몰한 적도 있었다.

환곡하는 조선, 또 다른 시각을 찾아가다

제주 여인의
소원

　식량 부족이 절정에 달한 1795년, 모두가 낙담하고 있을 때 김만덕이 두 팔을 걷어붙이고 나선다. 자신이 가진 재산을 다 털어 육지에서 곡식 500섬을 사들여 제주도 백성들에게 나누어 준 것이다. 관기 출신이라며 손가락질받고, 여자 주제에 객주를 운영한다며 비아냥의 대상이었던 그녀는 한순간에 제주도를 구한 영웅으로 떠오른다. 대부분의 부자나 객주들은 이런 상황을 이용해서 한몫 챙길 생각만 하지, 자신들을 도와줄 것이라고는 전혀 생각지도 않은 것이다.

　죽다 살아난 제주도 주민들이 그녀를 칭송하는 목소리는 바다 건너 조정에까지 닿았다. 제주 목사를 통해 김만덕의 선행을 보고받은 정조는 포상하라고 지시했다. 하지만 김만덕은 당

연히 해야 할 일을 했을 뿐이라면서 한 가지 소원을 말한다. 그
녀의 소원은 바로 한양에 가 임금을 만나고 금강산을 둘러보는
것이었다.

당시 제주도 백성들은 섬을 벗어나는 것이 법적으로 금지되
어 있었지만 정조는 어명을 내려 김만덕을 한양으로 불러들였
다. 그녀는 정조에게 의녀반수라는 관직을 받고 직접 만나기까
지 했다. 또 한양에 머무는 동안 당대의 여러 학자와 지식인들
을 만나게 된다. 그들 역시 제주도에서 올라온 김만덕이 여러
모로 궁금했던 모양이다. 영의정을 지낸 채제공은 그녀의 행적
을 다룬 「만덕전」을 썼고, 정약용도 그녀의 선행을 칭송하는 글
을 남겼다.

김만덕은 한양을 거쳐 평생 소원이었던 금강산으로 출발했
다. 금강산 여행은 조선 후기에 큰 인기를 끌었지만 여성으로
서는 결코 쉽지 않은 일이었다. 그러나 정조가 김만덕이 여행
하는 데 불편함이 없게 하라는 어명을 내린 덕분에 별다른 어
려움은 없었을 것으로 보인다.

금강산 여행을 마치고 제주도로 돌아온 김만덕은 계속 객주
로서의 삶을 살아갔다. 그녀는 평생 혼인하지 않고 양자 한 명
을 들여 키웠다. 엄격한 유교 사회에서 남성이 대다수였던 객
주업을 하며 독신으로 산다는 것은 자신의 삶을 스스로 일구
려는 의지와 용기가 있었기에 가능했다. 김만덕은 시대를 뛰어
넘었으면서도 시대와 함께 살아갔다. 세상 사람들의 불편한 시
선에 아랑곳하지 않고 새로운 영역을 개척했다. 객주업을 통해

철저히는 조선의, 또 다른 시각을 맛이한다

제주 여인의
소원

주체적인 삶을 이어 가되, 고향 제주도의 아픔을 함께했고 주민들의 삶을 보듬어 주었다. 가진 자의 책무인 노블레스 오블리주를 실천한 것이다. 우리가 오랫동안 그녀를 기억해야 하는 이유이기도 하다.

◉ **객주:** 조선시대에 다른 지역에서 온 상인들에게 거처를 제공하며, 물건을 맡아 팔거나 흥정을 붙여 주는 일을 하던 상인 또는 그런 집.

◉ **목과 목사:** 목(牧)은 고려·조선시대에 큰 고을에 두었던 지방 행정 단위이며, 목의 으뜸 벼슬을 목사라고 함.

◉ **삼별초:** 고려시대 무신 정권이 정규 군대 이외에 특별 조직한 군대. 좌별초, 우별초, 신의군의 세 군대를 가리키며, 최우가 조직한 야별초에서 비롯됨.

탐라순력도

숙종 28년인 1702년, 제주도에 새로운 목사 이형상이 부임한다. 그는 제주도에 도착한 그해 가을 제주도 전역에서 성과 진, 봉수대를 점검하고, 정방폭포와 산방산 같은 명승지를 둘러보았다. 21일간의 순력을 마친 이형상은 자신이 돌아본 제주도의 모습을 화공 김남길에게 그림으로 그리도록 했다. 이 화첩이 바로 조선 후기 제주도의 모습을 가장 사실적으로 그려 낸『탐라순력도』이다.

『탐라순력도』에는 다양한 제주도의 모습이 담겨 있다. 제주목 관아에서 조정에 보낼 감귤을 선별하고 포장하는 모습, 제주도 유생들을 대상으로 특별 시험을 치르던 모습, 목장에서 골라낸 말을 점검하는 모습뿐만 아니라 노인을 공경하는 유교의 예법을 널리 알리기 위해 양로연을 여는 광경도 있다. 제주도 전역을 그린 지도 '한라장촉'이 함께 있어 당시 풍습과 상황을 이해하는 데 아주 중요한 자료로 평가받고 있다.

조선의 육지 사람들에게 제주도는 아주 독특한 곳이었다. 무엇보다 육지에서는 한참 전에 뿌리내린 유교가 아직도 자리 잡지 못한 야만의 땅이기도 했다. 관료이자 유학자인 이형상에게 무당들이 득실거리며, 불교를 숭상하고, 이상한 토착신을 믿는 제주도 주민들은 무지몽매한 교화의 대상이었을 것이다. 그래서 『탐라순력도』에는 이형상이 제주도에 베푼 교화를 나타내는 〈건포배은〉이라는 그림이 있다. 관덕정과 건입포에 모인 제주도 관리들이 북쪽에 있는 임금을 향해 절하는 모습 뒤로 제주도 전역의 신당과 사찰이 불타는 장면이 담겨 있다. 이형상 목사는 자랑스럽게 이런 자신의 업적을 써 놓았다.

"129개의 신당을 불태웠으며, 5개의 사찰을 파괴했고, 285명의 남녀 무당을 농업에 종사하도록 했다."

Story 13

비범했던
여성 여행가
: 열네 살 소녀 김금원의 조선 유람기(1830년)

조선시대에도 이름난 관광지였던 금강산

일만 이천봉을 자랑하는 금강산은 지금이나 예전이나 누구나 가 보고 싶어 하는 관광지였다. 『조선왕조실록』에도 관광(觀光)이라는 단어가 나온다. 물론 오늘날처럼 다른 지방이나 국가로 여행을 가 풍경과 문물 등을 둘러본다는 뜻은 아니다. 당시의 관광은 임금의 행차나 사찰 등을 구경하는 것을 가리켰다. 조선 후기에는 관광의 영역과 대상이 확대되어 금강산으로 향하는 발걸음도 많이 늘었다. 오래전부터 중국에까지 명산으로 이름났고, 이곳을 여행한 선비들이 환상적이었다는 기록을 남기면서 점차 소문이 퍼진 것이다. 그래서 평생 제주도에서 살

168

앉던 김만덕도 소원을 묻는 정조에게 한 치의 주저함 없이 금강산 유람이라고 말했던 것이 아닐까? 선비들은 어중이떠중이까지 금강산에 몰려드는 걸 보고 혀를 찼다.

정조는 직접 가지 못하는 아쉬움을 달래기 위해 김홍도에게 금강산을 그려 오게 하였다. 또한 한양의 사대부 집안이라면 금강산 유람기나 금강산 그림 하나쯤은 있을 정도였다. 하지만 금강산 유람이 가능한 사람은 신분이 귀하든 천하든 모두 남성들이었다. 여성들의 집 밖 출입이 쉽지 않았던 시절인 데다 제대로 된 교통 시설은커녕 숙박 시설조차 찾아보기 힘들어서 여행 자체도 어려웠기 때문이다. 누구나 갈 수 있었지만, 그 누구나에 여성은 포함되지 않았다.

　이제 열네 살 된 김금원이 금강산 여행을 가겠다고 했을 때 부모가 펄쩍 뛴 것은 너무나 당연했다.

　"아버지! 저 금강산에 가고 싶어요."

　김금원의 애원에 아버지는 어처구니없다는 표정을 지었다.

　"말도 안 되는 소리 하지 마라."

　"왜 안 되는데요?"

　"세상 어느 아비가 딸이 집 밖으로 나가는 걸 허락하겠느냐."

　"부디 허락해 주세요."

　"지난번처럼 회초리로 맞아야 정신을 차리겠니? 네 나이 고작 열넷이다. 대체 어딜 간다는 거야!"

　아버지가 당장이라도 회초리를 때릴 것처럼 씩씩거렸지만 김금원은 물러서지 않았다.

　"이제 관기가 되면 아무 데도 못 가잖아요. 그러니까 자유롭게 한번 돌아다녀 보고 싶단 말이에요."

　김금원의 입에서 관기라는 말이 튀어나오자 아버지는 주먹을 부르르 떨었다. 하지만 틀린 말은 아니었다. 어머니가 관기 명단인 기적에 올랐기 때문에 딸 역시 관기가 될 운명을 피할 수 없었다. 김금원은 눈물이 그렁그렁한 채 아버지에게 매달렸다.

　"그러니 여행을 허락해 주세요."

　"못된 년 같으니!"

　아버지가 뒤돌아서며 소리쳤다. 딸에게 눈물을 보이지 않기

170

위해 돌아섰다는 걸 잘 알고 있던 김금원도 서럽게 울었다. 그 날 밤, 아버지가 긴 한숨과 함께 말했다.

"여행을 허락하마."

김금원의 전국 여행

김금원이 유독 여행에 집착했던 이유는 그녀의 신분과 깊은 관련이 있다. 자신이 관기가 된 후에는 아무것도 할 수 없을 거라는 자괴감이 들었을 것이다.

훗날 김금원이 쓴 『호동서락기』에는 언급하지 않았지만, 학자들의 연구에 따르면 동시대에 원주에서 활동한 기생 금앵이 바로 김금원이다. 열네 살에 전국 일주를 떠났던 그녀는 돌아와서 관기로 살았던 것이다. 그런데 『호동서락기』에는 관기 시절 이야기는 전혀 나오지 않고, 김덕희의 첩이 되어 의주로 갔다가 다시 한양으로 가는 부분만 나온다. 자신의 삶에서 금앵이었던 시절을 도려내고, 여행을 떠났던 시절과 김덕희의 첩으로 살았던 시절만 언급했다는 것은 관기 시절의 삶을 어떻게 바라봤는지 알 수 있는 대목이다.

그렇다면 그녀는 어떤 곳을 여행했을까? 1830년 3월, 고향 원주를 출발한 그녀는 바로 금강산으로 가지 않고 먼저 제천과 단양, 영춘과 청풍을 돌아본다. 제천에서는 의림지를 구경했고, 단양에서는 삼선암과 사인암을 둘러봤다. 영춘에서는 금화굴과 남화굴에 들어갔다. 청풍에서는 옥순봉에 올라갔는데, 옥항 아리에 산호로 만든 붓을 꽂아 놓은 형상이라는 평을 남긴다.

그 후 김금원은 드디어 그렇게 소원하던 금강산에 오른다. 금강산은 내금강과 외금강으로 나뉘는데, 내금강은 장안사를 출발해서 만폭동을 거쳐 유점사로 이어지는 코스를 따라간다. 봉우리도 많고 볼 곳도 많았기 때문에 그녀는 여유를 가지고 천천히 둘러보며 구경했다.

장안사는 고려 때 원나라에 공녀로 갔다가 황후 자리까지 오른 기황후가 세운 사찰로, 화려하기 그지없는 곳이었다. 또한 금강산 여행의 출발점이어서 많은 여행객들이 찾아왔기 때문에 숙박할 수 있는 곳이 마련되어 있었다. 장안사에서 출발한 김금원은 절벽 위에 지어진 보덕암이라는 암자에 밧줄을 타고 올라가는 모험을 펼쳤다. 기둥 하나에 의지해 보덕암에 올라간 김금원은 자신이 본 모습을 기록해 두었다.

암자에는 옥으로 만든 불상이 하나 있고, 그 앞에 항아리 같은 모양의 금향로가 있는데 어찌나 무거운지 두 사람이 힘을 합해도 들기 어려울 정도였다. 한눈에 봐도 비싸 보였는데 인목왕후의 딸인 정명공주가 시주한 것이라고 전해진다. 옛날에 비구니가 굴 속에서 수도를 하다가 앉은 채로 입적하자 사람들이 암자를 짓고 보덕이라는 이름을 지었다고 승려가 말해 주었다.

- 『호동서락기』 중에서

청렴하는 조선, 또 다른 시각을 맞이하다

비범했던
여성 여행가

보덕암을 둘러본 그녀의 다음 목적지는 만폭동이었다. 깊고 푸른 계곡과 그 아래로 떨어지는 온갖 폭포들을 본 김금원은 "기기묘묘한 형색은 말로 다 표현할 수 없다."고 기록했다.

유점사를 끝으로 꿈에도 그리던 금강산 관광을 마친 김금원은 관동 팔경을 보기 위해 이번에는 동쪽으로 발걸음을 옮긴다. 송강 정철이 쓴『관동별곡』에 등장하는 관동 팔경은 통천의 총석정, 고성의 삼일포, 간성의 청간정, 양양의 의상대, 강릉의 경포대, 삼척의 죽서루, 울진의 망양정, 평해의 월송정을 가리킨다. 호수인 고성 삼일포를 제외하고는 하나같이 바다 혹은 바다처럼 넓은 호수의 빼어난 경치를 내려다볼 수 있는 누각이다.

관동 팔경을 다 둘러본 그녀의 다음 목적지는 설악산이었다. 이곳에는 길이 80미터가 넘는 대승폭포가 있었다. 호기심 넘치는 김금원은 폭포의 물을 마셔 보기 위해 접근했다가 물벼락을 맞고 놀라기도 했다.

백담사를 둘러본 후 설악산 관광을 마친 김금원의 마지막 목적지는 한양이었다. 조선의 도읍이자 가장 큰 도시인 한양은 원주에서 태어나고 자란 그녀에게 굉장히 거대해 보였을 것이다. 그녀는 한양을 더 자세히 보기 위해 남산에 올랐다. 비록 지금처럼 케이블카와 남산 타워는 없지만 한양을 내려다보기에는 충분한 높이였을 것이다. 그곳에서 엄청난 규모를 자랑하는 궁궐은 물론 원주에서는 찾아보기 힘든 크기의 기와집도 보았다.

세검정 터 ©문화재청

남산에서 내려온 그녀는 세검정으로 향했다. 창의문 밖에 있는 세검정은 칼을 씻는 정자라는 뜻으로, 광해군 때 이귀와 김류 등이 칼을 씻으며 인조반정을 모의했다는 이야기가 전해진다. 이곳에서는 칼뿐만 아니라 종이도 씻었다. 실록을 집필할 때 원본으로 삼는 사초를 물로 씻어 글씨를 지우는 일을 이곳에서 한 것이다. 씻은 종이는 바위에 널어서 말린 다음 재활용했다.

세검정을 본 김금원은 이번에는 삼계동 별서를 거쳐 백사실 계곡을 구경한다. 삼계동 별서는 안동 김씨의 일원으로 영의정을 지낸 김흥근의 별서다. 바위에 삼계동이라는 글씨가 새겨져

비범했던
여성 여행가

있어 삼계동 정사라고 불린다. 아마 들어가 보지는 못했겠지만 바위 위에 지은 화려한 별서의 모습은 그녀의 뇌리에 깊숙하게 박혔을 것이다.

발걸음을 뗀 그녀가 향한 곳은 꽃과 나무가 무성하고 맑은 물이 흐르는 백사실 계곡이다. 백사실 계곡 안에는 백사 이항복의 별서터가 있었다. 한양의 가까운 곳에서 아름다운 자연을 맛볼 수 있어 많은 사람들에게 사랑받은 곳이다. 김금원은 이곳에 대해 신선이 살 만한 곳이라는 평을 남겼다.

고향으로 돌아간 김금원

한양 관광까지 마친 김금원은 부모와 관기라는 운명이 기다리고 있는 고향 원주로 돌아갔다. 모험에 가까운 여행이 그녀의 삶에 어떤 영향을 미쳤는지는 불분명하다. 하지만 이후의 행적을 보면, 여행에서 얻고 터득했던 경험과 느낌들이 적지 않은 영향을 끼쳤다는 것을 알 수 있다.

그런데 김금원의 행적을 따라가다 보면 한 가지 의문이 든다. 지금처럼 도로 사정이 좋은 것도 아니고 숙박 시설도 부족한 시대에, 게다가 어린 소녀가 어떻게 오랜 기간 별 문제없이 여행을 할 수 있었는지 말이다. 안타깝게도 『호동서락기』에는 그에 대한 자세한 정보가 나오지 않는다.

다만 유추해 볼 수 있는 몇 가지 단서는 있다. 일단 김금원은

남자아이처럼 꾸미고 다니면서 사람들의 시선을 피했을 것이
다. 또 가마를 타고 갔다는 내용을 보면 동행인이 있었다고 추
측할 수 있다. 여행하다가 머물렀던 곳은 대부분 사찰이나 역
원이었을 것이다. 조선 후기에 여행이 조금씩 활성화되면서 그
나마 환경이 나아졌을 것이다.

그 밖에도 적지 않게 들었을 여행 경비를 어떻게 처리했는
지, 열네 살의 그녀가 어떻게 나이 많은 승려나 어른들과 이야
기를 나눌 수 있었는지도 불분명하다. 확실한 것은 아무리 크
고 힘든 난관이라고 해도 기필코 여행을 가겠다는 그녀의 고집
을 꺾지 못했으리라는 점이다.

김금원은 여행을 통해 스스로 삶을 살아가는 법을 터득했을
것이다. 자신의 삶이 비록 굴레와 속박에 놓일지라도 영혼만큼
은 자유로울 수 있다는 점을 말이다.

자유롭고 능동적으로 살아가다

금앵이라는 이름으로 살았던 김금원의 삶 역시 평범하지 않
았다. 뛰어난 글솜씨와 재치 있는 말솜씨, 웬만한 사람은 가 보
지 못한 금강산과 설악산, 관동 팔경에 직접 다녀온 경험 덕분
에 많은 선비들의 관심을 끌었다. 어떤 선비는 그녀의 글솜씨
에 감탄했고, 다른 이는 기생 신분이라서 재주를 마음껏 펼칠
수 없음을 안타까워했다. 당대에 많은 선비들이 그녀와 만나서

비범했던
여성 여행가

함께 시를 짓거나 대화했던 기록을 남겼을 정도다.

시를 잘 짓는 기생, 금앵으로 명성을 떨치던 김금원의 삶은 1845년에 또 한번 요동친다. 경주 김씨 집안의 사대부인 김덕희의 첩이 된 것이다. 김금원은 의주 부윤으로 발령받은 김덕희와 함께 의주로 갔다가 다음 해, 남편과 함께 한양으로 향한다.

김금원은 용산강이 내려다보이는 정자 삼호정에서 여동생을 비롯한 동료 몇 명을 모아 '삼호정시사'라는 시 짓는 모임을 만든다. 조선 후기에는 양반뿐만 아니라 중인과 백성들도 모여서 시를 지으면서 즐기곤 했다. 하지만 여성들만 모여 시회를 여는 것은 전례가 없던 일이었다. 구성원은 김금원과 여동생 경춘, 그리고 운초와 경산, 죽서 5명이었다. 모두 기생 출신으로 뛰어난 글솜씨를 지녔고, 권력자의 첩으로 들어갔기 때문에 삶에 여유가 생겼다는 공통점도 있었다. 삼호정에 모인 회원들은 서로 이야기를 주거니 받거니 하면서 시를 지었다. 한 명 한 명의 글솜씨가 뛰어나 곧 한양에서 화제가 되었다.

김금원이 『호동서락기』를 지은 것도 이때였다. 그녀의 글은 대단히 빼어나서 당대의 명문장가인 추사 김정희가 보고 감탄할 정도였다. 『호동서락기』에는 거대한 자연의 풍광을 보면서 자신이 초라하다고 느끼는 부분이 나온다. 여행을 하다 보면 흔히 겪는 충격인데, 익숙하지 않은 공간을 보면서 자신의 삶을 돌아보게 되기 때문이다. 김금원은 당대의 조선 사람들 중에서도 손꼽을 정도로 많은 곳을 다녀봤다. 그리고 웅장한 자연을 보면서 자신의 삶이 얼마나 작고 초라한지 깨달은 것이 분명하다.

여행에서 돌아온 그녀의 삶이 적극적이면서도 관조적으로 흐른 이유는 전국을 여행하면서 얻은 균형 감각 때문이었을 것이다. 뜻을 제대로 펼칠 수 없는 여성의 몸으로 태어났다는 한스러움을 금강산 여행과 시를 짓는 것으로 달랬다.

조용히 내 인생을 돌아보면 금수로 태어나지 않고 사람으로 태어난 것은 참으로 행복한 일이다. 또한 야만인들이 사는 곳이 아닌 문명국 조선에서 태어난 것도 행복한 일이다. 하지만 남자로 태어나지 않고 여자로 태어난 것은 불행한 일이요, 부귀한 집안이 아닌 한미한 집안에서 태어난 것 역시 불행이 아닐 수 없다.

- 『호동서락기』 중에서

그녀는 자신의 삶을 정확하게 바라봤다. 그래서 한탄하거나 저주하는 대신 자신이 할 수 있는 것에서 행복을 찾고, 그 행복을 나눌 동료들을 만들었다. 또 자신이 여행하며 걷고 보았던 기억을 되살려서 『호동서락기』를 썼다.

주어진 삶을 살아간다는 것은 예나 지금이나 힘겹기는 마찬가지다. 하지만 김금원은 결코 포기하지 않고 자신의 삶을 능동적으로 이어 나갔다. 그것은 아마 금강산의 일만 이천봉과 설악산의 거대한 폭포, 그리고 신선이 사는 것처럼 신비로운

활동하는 조선, 또 다른 시각을 찾아서

178

빛났던
여성 여행가

백사실 계곡을 걸으면서 터득한 깨달음이 밑바탕이 되지 않았
나 싶다.

- ◎ **별서:** 농장이나 들이 있는 부근에 한적하게 따로 지은 집. 별장과
  비슷하나 농사를 짓는다는 점이 다름.

- ◎ **역원:** 조선시대 때 역로(역마를 바꿔 타는 곳과 통하는 길)에 세워
  국가가 경영하던 여관의 하나.

- ◎ **관동별곡:** 조선 선조 때 송강 정철이 지은 기행 가사. 지은이가 강
  원도 관찰사로 부임하여 관동 팔경을 돌아보면서 선정을 베풀고
  자 하는 심정을 읊은 작품.

여행에 나선 조선 여성들

김금원만큼 극적이지는 않지만 조선시대의 용감한 몇몇 여성들이 세상을 돌아보는 여행에 나섰다.

의유당 남씨는 1769년, 남편 신대손이 함흥 판관으로 발령받자 부임지에 함께 갔다. 이때 관북 지역의 명승지에 대한 기행문, 전기 등을 지은 문집이 바로 『의유당관북유람일기』 또는 『의유당일기』다.

의유당 남씨는 함흥에 도착하자마자 낙민루와 만세교를 돌아보고, 이곳저곳 명승지를 구경한다. 또 함흥 기생들이 추천해 준 동해 일출을 보고 싶어서 남편을 졸랐지만 남편이 반대하자 살아생전 언제 일출을 볼 수 있겠느냐며 설득한다. 일출을 놓칠까 봐 새벽 일찍부터 바닷가 절벽에서 기다리며 추위와 지루함과 맞서 싸우던 그녀는 마침내 일출을 보게 된다. 당시의 감정을 「동명일기」에서 "항아리 독 같은 기운이 스러지고 처음에 붉어 겉을 비추던 것은 모여 소 혀처럼 드리워 물속에 풍덩 빠지는 듯싶더라."라고 묘사했다.

안동에 살던 연안 이씨는 1800년, 충청도 부여로 여행을 떠난다. 환갑을 훌쩍 넘긴 예순다섯 살의 그녀가 여행을 떠날 수 있었던 것은 아들이 부여 현감으로 발령받았기 때문이다. 연안 이씨는 남편과 함께 수레를 타고 아들을 만나러 부여로 떠난다. 평생 집안에 갇혀 살았던 그녀에게는 바깥의 모든 풍경이 신기하기만 했을 것이다.

부여로 가는 도중 동생을 만나 회포를 풀고, 고란사에 들렀다가 마침내 목적지인 부여에 닿았다. 관아에서 아들을 본 연안 이씨는 감회에 젖어서 눈물지었다. 그곳에서 남편의 회갑연을 성대하게 치른 것을 큰 자랑으로 여겼다.

여행에서 돌아온 그녀는 몇 년 후 기행문을 담은 『부여노정기』라는 책을 남겼다. 연안 이씨에게 여행은 출세한 아들을 만나러 가는 여정이라는 의미가 더 컸다. 하지만 수십 년 만의 외출에 막힌 가슴이 탁 트인다는 부분에서 그녀에게 여행이 어떤 의미였는지 잘 알 수 있다.

Story 14

조선의 마지막 희망이
사라지다

: 효명세자의 때 이른 죽음 (1830년)

효명세자, 희정당에서 세상을 떠나다

김금원이 금강산을 여행하면서 행복에 젖어 있을 무렵인 1830년 5월 6일, 창덕궁 희정당에는 침묵과 슬픔만이 흘렀다. 순조의 맏아들인 효명세자가 숨을 거뒀기 때문이다. 스물두 살에 불과했고, 장자였으며, 대리청정을 통한 국정 운영 능력이 검증되었기 때문에 그의 죽음은 더더욱 큰 아쉬움을 남겼다.

1800년, 갑작스럽게 정조가 승하하자 순조는 열한 살에 임금이 된다. 아직 어린 그를 대신해서 영조의 계비 정순왕후가 수렴청정하였는데, 이때부터 본격적인 세도 정치가 시작되었다.

182

원래 세도 정치는 널리 사회를 교화시키고 세상을 올바르게 다스린다는 이상적인 정치 형태를 뜻한다. 하지만 우리에게는 정조 이후 안동 김씨와 같은 외척들의 횡포로 얼룩진 역사로 남아 있다. 좋은 의미의 세도 정치가 왜 이 시기에 변질되었는지 알아보려면 시대를 거슬러 올라가 살펴봐야 한다.

선조 때 사림파가 조정을 장악하자 선비들 간에 불화와 반목이 생겼고, 동인과 서인으로 갈라지는 동서 분당이 일어난다. 이때부터 이념과 이익에 따라 수없이 생겨나고 갈라지기를 반복하는 붕당 정치가 시작된다. 이런 상황에서 숙종은 왕권을 강화하기 위해 당파들을 교대로 등용하고, 반대편은 몰락시키는 방식을 즐겨 썼다. 급작스럽게 정권이 바뀐다고 하여 '환국(換局)'이라고 불렀다. 그러나 환국을 해도 결국은 임금이 어느 한쪽 편에 서야 하는 상황이 닥치고 만다.

조선 초기와 중기까지는 과거를 치러 선발된 조광조와 같은 지방 사림들이 임금과 손잡고 붕당 견제에 나서기도 했다. 그러나 영조가 즉위하면서 노론이 정권을 장악하자 왕권은 약화되었다. 노론 중에서도 한양에 거주하는 소수의 가문이 조정의 실권을 잡게 되면서 지방은 차츰 중앙 권력과 멀어졌다. 그 결과 귀족화된 양반인 경화세족이 탄생했다. 영조는 이러한 상황을 해결하기 위해 탕평책을 썼지만, 이마저도 자신의 즉위를 도운 노론 위주로 시행되었다.

시간이 갈수록 붕당 체제가 굳어지면서 왕권은 차츰 위협받았다. 대표적인 사례가 바로 사도세자의 죽음이었다. 영조는

왕권을 지키고, 정조에게 왕위를 물려주기 위해서 사도세자를
뒤주에 가두어 죽이는 극단적인 방법을 써야만 했다. 아울러
영조는 정조를 보호하기 위해 외척인 홍씨 집안을 등용한다.
하지만 정치적인 견해에 따라 형제나 집안끼리도 파가 갈리는
경우가 발생하면서 탕평책은 사실상 실패하고 말았다. 홍씨 집
안도 마찬가지였다. 사도세자의 장인이자 혜경궁 홍씨의 아버
지 홍봉한은 영조의 뜻을 받들어 사도세자의 죽음을 초래한 세
력들을 공격하고 정조를 적극 보호했다. 그런데 홍봉한의 동생
홍인한은 세손을 공격하면서 즉위에 반대했던 것이다.

왕권에 도전하는 외척 세력들

　홍인한을 비롯한 반대 세력들의 방해를 뿌리치고 즉위한 정
조는 홍국영을 등용했다. 학자들은 최초의 세도 정치가 이때
시작되었다고 보기도 한다. 홍국영은 정조의 최측근이 되어 임
금의 뜻을 관철시켰다. 한편으로는 홍봉한의 집안을 비롯해 홍
인한, 정후겸 등을 숙청하면서 자기 세력을 만들어 나간다. 그
러나 왕위 계승 문제에까지 간섭하려던 책략이 들켜 결국 쫓겨
나고 말았다.
　정조는 할아버지의 뜻을 이어받아 탕평책을 펼치지만 역부
족이었다. 붕당끼리 경쟁과 갈등이 계속되다 보니 소통은 사라
지고, 나라의 인재가 될 관료들이 처형당하거나 오랜 기간 유

흔들리는 조선, 또 다른 시작을 꿈꾸다

조선의 마지막 희망이
사라지다

배를 떠나는 일이 반복되었기 때문이다.

세도 정치의 대표적인 피해자가 추사 김정희다. 지금은 추사체와 금석학의 대가로만 알려져 있지만, 본래 경주 김씨 출신의 유력한 정치인이었다. 아버지와 함께 고금도로 유배 갔던 시기를 제외하고는 승승장구하면서 병조참판과 성균관 대사성을 지내기도 했다.

하지만 안동 김씨 세력의 견제로 제주도에서 9년 동안 유배 생활을 해야 했고, 풀려난 후에는 다시 함경도 북청으로 2년 동안 유배를 가야만 했다. 그 후에도 안동 김씨의 등쌀에 못 이겨 한양을 떠나 과천에서 지냈을 정도였다. 김정희가 추사체를 완성하고 금석학을 연구했던 것은 뛰어난 학문적·예술적 교양을 가진 덕분이었겠지만 정계에서 밀려났다는 현실적인 이유도 존재했다. 학자나 예술가 김정희가 아니라 정치인 김정희로 활동할 수 있는 기회가 사라져 버린 것은 개인은 물론 당시 조선에게도 아쉬운 일이 아닐 수 없다.

탕평책을 펼치던 정조 역시 세자를 보호하기 위해 김조순의 딸과 혼인시켰다. 그러나 붕당의 폐해를 막기 위해 외척을 등용한 것이 세도 정치의 기틀을 마련하는 결과를 가져온 셈이 되었다. 정조가 승하한 후 수렴청정하던 정순왕후가 물러나면서 세도 정치가 본격화된다.

세도 정치라고 하면 안동 김씨를 가장 먼저 떠올리지만 실제로는 풍양 조씨나 반남 박씨도 세도 정치에 관여했다. 안동 김씨는 이들과의 경쟁에서 이긴 최후의 승자다. 안동 김씨가 권력을 잡은 후부터 세도 정치의 본격적인 폐해가 시작된다.

세도 정치가 드리운 그림자

세도 정치의 가장 큰 문제점은 무엇보다도 견제 세력이 없다는 점이다. 사실 조선의 정치 체제는 견제와 균형을 이룰 수 있는 장치들이 많았다. '언론 삼사'라고 불리는 홍문관, 사간원, 사헌부가 바로 그런 장치였다.

홍문관은 옥당이라고도 하는데, 궁중의 서적을 관리하고 임금이 신하들과 더불어 공부하고 국정을 협의하는 경연을 주도했다. 홍문관의 수장 대제학은 경연을 책임지는 경연관도 겸직했다. 단순히 공부만 하는 것이 아니라 조정의 현안을 함께 논의했기 때문에 자연스럽게 임금에게 조언하는 역할도 했다. 사간원은 임금에게 정책과 관련된 조언을 하고 잘못한 관료들을 탄핵하는 임무를 수행했고, 사헌부는 관리들을 감찰하고 그들의 임용 자격을 검증했다.

언론 삼사는 고위직으로 승진할 수 있는 곳으로, 능력 있고 올곧은 관료들이 거쳐 갔다. 이들은 임금과 대신들의 잘못을 감시하고 탄핵하면서 견제하는 역할을 충실히 수행했다. 하지만 붕당이 생겨나면서 이런 장치들은 있으나 마나가 되었다. 언론 삼사의 관료들조차 자신이 속한 붕당의 이익을 위해서 움직이게 되면서 자연히 견제 수단들이 사라져 갔기 때문이다.

흔들리는 조선, 또 다른 시련을 맞이하다

조선의 마지막 희망이 사라지다

시스템이 아무리 좋아도 결국엔 사람이 결과를 좌우한다. 임금은 점차 고립되었고, 정치가 혼탁해졌으며 그 나쁜 영향은 고스란히 백성들에게 옮겨갔다.

통치 시스템의 붕괴는 반드시 부패와 뇌물을 가져온다. 세도 정치를 하는 유력 가문에 뇌물을 주고 관직을 얻는 일이 다반사였고, 부정한 방법으로 관직을 얻은 관료들은 자리에 있는 동안 본전을 뽑아내야만 했다. 그렇다 보니 국가의 재산을 빼돌려 자기 주머니에 넣는 것은 당연했고, 자신의 권한을 마구 휘둘러 백성들을 가혹하게 수탈하는 일이 일상화되었다. 조선이 수백 년간 구축한 안정적인 통치 시스템은 무너졌고, 견디다 못한 백성들은 민란을 일으켰다.

1862년, 진주를 시작으로 전국에서 발생한 임술민란은 세도 정치의 폐해를 직접 겪은 백성들이 일으킨 것이었다. 눈에 띄는 점은 이전의 민란과는 달리 향반 혹은 잔반이라고 불리는 사대부 계층들이 참여했다는 것이다. 그리고 사대부들 중에 이필제와 같은 전문 반란가가 나타나기도 한다.

당시 조선 사회는 변화의 징후가 보이고 있었다. 오랫동안 억눌려 왔던 상업이 본격적으로 발달하면서 조금씩 자본주의의 싹이 자라고 있었다. 청나라를 통해 서구 문물이 들어오고, 천주교가 본격적으로 전파되기 시작하자 해외의 움직임에도 관심을 가지게 되었다. 하지만 안타깝게도 세도 정치는 새로운 사회를 만들 수 있는 변화의 조짐들을 짓밟고 말았다. 자신들이 권력을 잡는 일이 우선이었기에 변화를 두려워했던 것이다.

천주교 탄압을 자신의 권력 강화에 이용하기도 했다. 꿈도 희망도 없는 상황이 이어졌지만 벗어날 기회가 아주 없었던 것은 아니다. 바로 효명세자가 있었기 때문이다.

새로운 희망으로 떠오른 효명세자, 대리청정하다

조선은 왕위를 적장자에게 물려주는 게 원칙이었지만, 실제로는 적장자가 왕이 된 적은 별로 없었다. 오히려 현종이나 영조같이 후궁에게서 태어나 왕위에 오르는 경우가 많았다. 물론 아버지가 임금이므로 겉으로는 정통성 문제가 드러나지 않지만 아무래도 외가 쪽 집안이 보잘것없는 경우가 많았다.

사극을 보면 외척은 주로 악의 근원이거나 임금의 발목을 잡는 훼방꾼으로 그려지지만 현실은 반대다. 외척은 기본적으로 임금의 권력을 지켜 주는 방패 역할을 했기 때문에 반드시 필요한 존재였다. 특히 조선 후기에 붕당 정치가 심해지는 가운데 외척은 임금의 정책을 수행하는 긴요한 역할을 맡았다. 든든한 외척은 왕권 강화에 필수적인 존재였지만 별 볼 일 없는 집안 출신의 후궁은 그런 부분에서 취약할 수밖에 없었다. 영조는 어머니 숙빈 최씨가 궁궐에서 허드렛일을 하던 무수리였기 때문에 아버지가 숙종이 아니라는 모함에 시달려야 했다.

반면 숙종은 어린 나이에 즉위했지만 송시열 같은 거물을 단번에 유배 보내 버렸다. 효종과 현종의 피를 잇는 적장자로서

조선의 마지막 희망이
사라지다

정통성을 증명하는 삼종의 혈맥을 가지고 있었기 때문에 시작부터 강력한 왕권을 휘두르는 게 가능했다.

맏아들 효명세자는 숙종 이후 처음, 적장자로서 세자가 되었다. 따라서 정통성 측면에서는 조선 후기 임금들 중 누구에게도 뒤지지 않았다. 모두의 기대를 받으며 자라난 효명세자는 풍양 조씨 집안과 혼사를 맺는다. 그동안 세도 정치를 해 오던 안동 김씨를 견제할 다른 세력이 필요했던 것이다.

효명세자의 능력을 눈여겨본 순조는 1827년부터 대리청정을 맡긴다. 세자에게 국정을 위임하는 대리청정은 권력이 넘어가는 과정이므로 보통 많은 반대에 부딪쳤다. 그런데 이때만큼은 순조가 효명세자에게 대리청정을 시키겠다는 비망기(임금이 명령을 적어서 승지에게 전하던 문서)를 내리자 신하들이 모두 환영했다고 한다. 효명세자는 능력이 안 된다며 거절했다가 마지못해 수락하는 형식으로 대리청정을 맡았다.

효명세자는 일단 안동 김씨를 배제하고 새로운 인물들을 등용했다. 우선 자신의 장인 조만영을 비롯한 조인영, 조종영 등 풍양 조씨 출신을 등용했다. 그리고 홍기섭, 김노경 등이 측근에서 보좌했다. 김노경의 아들 김정희는 친구 권돈인과 함께 고위 관직에 오르기도 했다. 조선을 대표하는 실학자인 박지원의 손자이자 개화파의 시초로 일컬어지는 박규수를 등용한 것도 효명세자였다.

효명세자는 전국 각지에 암행어사를 파견해서 부정을 저지른 지방 관리를 처벌하고, 과거 시험장에 시험을 치르는 거자

외에 다른 동행인이 따라 들어가지 못하도록 했다. 아울러 과거에 합격한 서자들도 관직 후보에 추천하라고 지시했다.

짧은 기간이었지만 효명세자가 시행한 정책에서 한 가지 일관성을 찾을 수 있다. 부정으로 얼룩진 과거제를 손보고 서자들을 등용한 까닭은 폭넓게 인재를 발탁하고, 그 과정을 올바르게 세우기 위해서였을 것이다. 특히 청렴하고 공정한 과거 시험에 대해서 여러 차례 강조하곤 했다. 세도 정치가 시작되면서 가장 먼저 망가진 제도가 과거제와 인사임을 감안하면, 효명세자가 무엇을 꿈꾸었는지 알 수 있다.

효명세자는 그 밖에도 왕릉에 참배하러 가는 길에 격쟁(원통한 일을 당한 사람이 임금이 가는 길에 꽹과리를 쳐서 묻기를 기다림)하는 백성들의 이야기에 귀 기울여 민심을 파악하려고 노력했다. 또 장인이자 무관인 조만영을 적극적으로 이용해서 군권을 단단히 장악하고자 했다.

효명세자가 유독 관심을 기울인 분야가 바로 궁중 연회였다. 궁중에서 여는 잔치인 연회는 규모에 따라 진연, 진찬, 진작 등으로 나뉜다. 연회를 열 때는 음식뿐만 아니라 춤과 음악도 곁들였다. 효명세자는 3년이라는 짧은 대리청정 기간 동안 아버지 순조와 어머니 순원왕후를 위해서 열한 차례나 진찬을 열었다. 비록 한발 물러나 있지만, 형식상으로는 임금인 아버지를 대우하고 왕실의 권위를 세우기 위한 것으로 보인다. 특히 궁중 연회에서 추는 춤인 정재무에 신경을 많이 쓴 덕분에 이 시기 궁중 무용은 황금기를 맞이한다.

조선의 마지막 희망이
사라지다

그러나 이렇게 잦은 궁중 연회 때문에 신하들과 충돌하기도 했는데, 1829년 1월 10일자 『순조실록』에 그 흔적이 남아 있다. 사헌부 대사헌 박기수가 진찬에 지나치게 신경 쓰지 말라고 건의하면서 다툼이 시작되었다.

"신이 듣자 하니 진찬을 하는 연습을 모두 대전에서 거행한다고 들었습니다. 신의 어리석은 생각으로는 그렇게 할 필요까지 있나 싶습니다. 물론 저하께서 효심이 깊어 모든 것을 직접 챙기시려는 마음을 잘 압니다. 하지만 그것은 작은 일에 불과하옵니다. 앞으로는 직접 하시지 말고 예조에서 준비토록 하시옵소서."

그뿐만이 아니었다. 정재무를 추는 여자 무용수들이 함부로 드나들지 못하게 하라고 말하자, 효명세자는 이미 전례가 있는 일인데 어찌 시비를 거느냐고 따끔하게 답한다. 한술 더 떠서 박기수를 예조참판으로 임명하여 진찬을 관리하는 진찬소 당상으로 삼았다. 이에 박기수는 자신을 처벌해 달라는 상소를 올린다. 효명세자는 이전에도 진찬 연습을 대전에서 거행한 적이 있고, 엄연히 예조의 규정에 있다는 사실을 알고 자신 있게 대처한 것이다. 규정과 관습을 제대로 알아보지 않고 임금을 공격한 꼴이 된 박기수는 잘못을 인정할 수밖에 없었다.

효명세자는 박기수를 파직한 뒤 남쪽의 바닷가로 귀양을 보냈다. 그런데도 갈등은 계속되었다. 사헌부의 간관들이 연달아 박기수를 용서해 달라는 청을 올렸기 때문이다. 효명세자는 박기수의 배후에 있는 자가 시켰느냐면서 싸늘한 반응을 보였다.

조정 대신들이 용서를 청하는 말에도 비꼬는 답변을 하거나 일을 크게 벌이면 좋을 게 없다는 식으로 대처했다.

결국 영의정 남공철이 사직까지 청하면서 박기수를 용서해 달라고 하자, 흉년이 들고 민생이 곤란한 상황에서 섣불리 물러난다는 말을 했다고 질책한다. 그러면서 박기수의 일은 알아서 처리하겠다고 답변한다. 효명세자는 진찬을 성대하게 치른 후에야 박기수를 유배에서 풀어 주었다. 불과 20대 초반이라고는 믿기지 않을 만큼 노련하게 노회한 신하들을 다룬 것이다.

안타까운 죽음과 사라진 희망

효명세자의 때 이른 죽음을 두고 독살설이 제기되었다. 1830년 4월까지는 전혀 아픈 기색 없이 활발하게 활동하다가 죽기 보름 전인 4월 22일에서야 피를 토하는 첫 번째 징후가 나타났기 때문이다. 내의원에서 수차례 약을 처방했지만 효명세자의 상태는 급속도로 악화됐다. 결국 5월 6일 아침, 효명세자는 창덕궁의 희정당에서 숨을 거둔다. 대리청정을 시작한 지 3년이 지난 스물두 살, 한창 젊은 나이였다.

역사에 만약은 없지만, 효명세자가 죽지 않고 왕위를 물려받았다면 세도 정치를 뿌리뽑았을 것이다. 그랬다면 임술민란과 같은 세도 정치가 낳은 비극도 발생하지 않았을 테고, 결정적인 변화의 시기에 좀 더 유연하게 서구 세계와 접촉할 수도

힘들었던 조선, 또 다른 시각을 맛이하다

조선의 마지막 희망이
사라지다

있었을 것이다. 하지만 효명세자의 때 이른 죽음은 그런 희망의 싹을 모두 잘라 버렸다. 대리청정을 맡길 정도로 아끼던 아들의 죽음에 충격받은 순조는 삶의 희망을 잃어버렸다. 그리고 곧 아들의 뒤를 따라갔다.

효명세자의 어린 아들 헌종이 즉위하면서 다시 안동 김씨의 세도 정치가 시작된다. 조선 왕조가 헌종과 철종으로 이어지는 사이 서구는 조선에 더 가까이 다가왔고, 일본은 메이지 유신을 통해 국력을 키워 나갔다. 그 귀중한 시간 동안 조선은 안동 김씨의 세도 정치 아래 고통받아야만 했다. 효명세자의 죽음에 대해 독살설까지 제기된 것은 이런 안타까운 상황을 받아들이기 힘들었기 때문은 아닐까 싶다.

● **노론과 소론:** 조선 후기에 있었던 붕당의 하나. 둘 다 남인과 대립하던 서인에서 갈라져 나왔지만, 남인을 대하는 태도와 나랏일을 운영하는 방법도 달랐음. 남인이 완전히 몰락한 후 본격 대립하면서 왕권이 바뀔 때마다 서로 주요 인물들을 처형하고, 정권을 장악하게 됨.

● **향반과 잔반:** 향반은 시골에 내려가 살며 여러 대 동안 벼슬을 못하던 양반을, 잔반은 집안 세력이나 살림이 아주 보잘것없어진 변변치 못한 양반을 이르는 말.

연경당

　조선의 궁궐 중에 후원을 온전히 보존하고 있는 곳은 창덕궁이 유일하다. 창덕궁의 후원에는 볼 만한 곳들이 많다. 연못 부용지와 접한 십자 모양의 정자 부용정이 유명하다. 맞은편에는 꽃나무 가지를 담처럼 만든 취병에 둘러싸인 주합루라는 2층으로 된 누각이 있다. 정조 때 만들어진 주합루는 원래 임금들의 글과 글씨를 보관하던 곳이었는데, 규장각으로서의 기능을 확대해 학문을 연구하는 곳으로 사용하기도 했다.

　또 다른 연못과 정자인 애련지와 애련정을 스쳐 지나가면 장락문이라는 현판을 단 한옥이 나온다. '장락(長樂)'은 신선처럼 아무 근심 없이 살고 싶다는 뜻의 염원을 담고 있다. 특이하게도 궁궐 안에 있으면서 단청을 칠하지 않고 수막새도 쓰지 않았다. 한옥의 이름은 '연경당'인데, 1827년 혹은 1828년에 효명세자가 지은 것으로 알려져 있다.

　양반집 형태로 지어졌지만 방이 99칸을 훨씬 넘은 120여 칸에 달했다. 서까래나 대들보에는 정교함이, 문이나 창틀에서는 궁궐 건축 특유의 세련미가 느껴진다. 일반 사대부의 집처럼 안채와 사랑채로 구분해서 담을 쌓았는데, 사랑채에는 연경당 이라는 전각이 있다. 건물은 남향이며 북쪽과 서쪽, 동쪽이 모두 산에 해당되는 언덕에 둘러싸여 있고, 북쪽에서 흐르는 물을 끌어와 앞으로 흘러가게 하여 풍수지리에 맞는 명당을 만들 었다. 오직 임금만이 할 수 있는 일이었다.

효명세자가 연경당을 지은 이유는 순조에게 존호를 올리는 의식을 거행하기 위해서였다. 처음부터 안동 김씨의 세도 정치에 맞서려는 용도로 지어진 것이다. 지금 남아 있는 연경당의 상당수는 고종 때 지어진 것이다.

한편 연경당은 구한말에 큰 정치적 격변의 현장이 되기도 했다. 1884년 갑신정변 당시 청나라 군에게 쫓긴 김옥균과 박영효 등이 고종을 데리고 피신했던 곳이다. 이곳에서 옥신각신하던 일행은 뿔뿔이 흩어졌다. 일본 공사를 따라 망명을 선택한 김옥균과 박영효는 살아남았지만, 고종 곁에 남아 있던 홍영식과 박영교는 목숨을 잃고 말았다.

민란의 시대를
살아가다

: 전문 반란가 이필제의 삶(1871년)

문경새재에서 벌어진 소동

횃불이 어둠 속에서 모습을 드러내자 갑자기 함성 소리가
들려왔다. 8월의 무더운 여름밤을 견디며 조령의 무기고를 지
키고 있던 군교(장교)와 포수들은 정신이 번쩍 들었다. 이들은
조령 별장이 무기고를 지키라고 따로 보낸 병력으로, 근처 주
막집에 정체불명의 사내 수십 명이 머물고 있다는 정보를 들
었던 터였다.

"쏴라!"

군교의 명령이 떨어지기가 무섭게 포수들이 화승총을 쏘았
다. 요란한 총소리와 함께 어둠 너머에서 외마디 비명 소리들

한글하는 조선, 또 다른 시각을 찾아하다

이 들렸다. 안심한 포수들이 서둘러 장전했다. 하지만 횃불은 바닥에 버려졌고, 정체불명의 침입자들은 종적을 감췄다. 한숨을 쉰 군교가 수색을 명령했다. 잠시 후, 포수와 마을 사람들이 다리 아래 계곡에서 누군가를 끌고 왔다. 벌벌 떨고 있는 그에게 군교가 물었다.

"이름이 뭐냐?"

"기, 김태일이라고 합니다."

"뭐하는 놈인데 밤중에 무기고를 공격하려고 했느냐!"

"무기고 안에 있는 무기를 탈취해서 병란을 일으키려고 했습니다."

김태일의 말에 주변이 술렁거렸다. 올 초에 영해에서 큰 병란이 일어나 수령이 죽고 관아가 불탄 일이 있었기 때문이다. 군교가 칼을 들이댄 채 추궁했다.

"패거리들은 얼마나 되고 어디에 있는지 말해라!"

"이번에 모인 우리 패는 모두 1,000여 명이고, 계곡 여기저기에 잠복해 있습니다."

놀란 군교는 서둘러 주변을 수색하라는 지시를 내렸다. 그러자 숲속에 숨어 있던 수상쩍은 사람 수십 명이 줄줄이 끌려왔다. 모두 44명에 달했다. 보고를 받은 조령 별장은 이들을 상주와 안동에 나누어 가두라고 지시하는 한편, 상관인 상주 영장 김사익에게 보고했다.

197

　조령의 무기고를 습격하려다가 실패하고 붙잡힌 사람들 중에 이필제가 있었다. 만약 지금처럼 포토라인에 서서 기자들에게 직업이 무엇이냐는 질문을 받는다면, 이필제는 이렇게 대답했을 것이다.

"나의 직업은 혁명가입니다."

　그가 살아가던 19세기 후반은 민란의 시대였다. 정조의 죽음 이후 60여 년간 지속된 세도 정치는 조선을 끝장내 버렸다. 왕권이 흔들리면서 돈으로 관직을 사고파는 일이 빈번해졌다. 게다가 상업의 발달로 화폐 사용이 활발해져 빈부 격차는 더 벌어지게 된다. 많은 토지를 가진 지주와 청나라와의 무역을 통해 부유해진 역관도 등장했다. 다른 한편에는 토지를 빼앗기고 수탈에 시달리다 빈곤층으로 떨어진 백성들이 존재했다. 안동 김씨를 비롯한 경화세족이 관직을 독점하면서 전통적인 양반 계층은 경제력과 관직 진출의 기회를 잃은 채 몰락해 갔다. 그러자 향반 혹은 잔반들은 저항의 길에 들어섰다.

　이렇게 빈부 격차가 심해지고 신분제가 무너지자 사회가 불안해졌지만, 이를 해결해야 할 임금은 안동 김씨의 허수아비에 불과했다. 가혹한 수탈과 억압, 부정부패가 끝없이 계속되는 동안 가장 큰 피해자는 피라미드 권력 구조의 제일 아래에 있던 힘없고 이름 없는 백성들이었다. 견디다 못한 백성들은 호미와 가래를 들던 손에 죽창과 횃불을 들었다.

혼란하는 조선, 또 다른 시대를 꿈꾸다

198

민란의 시대를
살아가다

1811년, 평안도에서 일어난 '홍경래의 난'은 조선시대 내내 지속되었던 지역 차별과 부패한 세도 정치에 반기를 든 농민 항쟁이었다. 홍경래는 몰락 양반이었다. 한때 평안도 일대를 휩쓸었던 반란은 마지막 근거지였던 정주성이 함락되면서 막을 내렸다. 하지만 홍경래의 난을 직간접적으로 목격한 모든 사람들은 이제 반란의 시대가 막을 열었다고 생각했을 것이다. 잠시 숨을 죽이던 저항은 1862년에 진주를 시작으로 수많은 지역에서 들불처럼 일어났다. 바로 '임술민란'이다.

문제적 인물

임술민란을 주도한 유계춘도 몰락한 양반 출신이었다. 이는 조선의 통치 시스템이 그야말로 한계에 달했다는 사실을 보여준다. 우후죽순처럼 벌어지는 민란은 살려 달라는 백성들의 외침이었다. 그러나 안동 김씨를 비롯한 기득권 세력은 반성과 양보가 아닌 탄압과 처벌로 대응했다. 문제의 본질을 해결하는 대신 너무나도 손쉬운 방식을 택한 것으로, 백성들의 저항을 잠재우지는 못했다. 오히려 억압의 불길 속에서 '프로 반란 기획자' 혹은 '저항이 직업'인 이필제 같은 인물이 나타났다.

문제적 인물 이필제는 1825년 충청도 홍주에서 태어나 진천에서 자랐다. 그의 증조부는 태안 군수를 지낸 양반이었고, 적지 않은 토지도 소유하고 있어서 별 부족함이 없었다. 과거 급제가 소원인 그는 열심히 글공부를 하면서 평범한 삶을 살아 갔다. 하지만 우연찮게 허관이라는 노인을 만나면서 인생이 바뀐다. 이필제는 노인으로부터 일생일대의 사명에 대해서 듣는다. 곧 서양 세력들이 쳐들어와서 나라에 큰 혼돈이 생길 테니, 그들을 물리쳐 나라에 큰 공훈을 세우는 것이 그에게 주어진 운명이라는 이야기였다.

이필제는 여기에 중국 정복이라는 꿈을 끼얹는다. 평온한 시대라면 말도 안 되는 이야기라며 고개를 절레절레 내젓거나 사기꾼이라고 화냈을 것이다. 하지만 혼돈의 시대에는 괴이한 희망이 뿌리내리는 법이다. 이필제는 당시 유행했던 예언서 『정감록』을 이용해서 사람들을 설득했다. 뛰어난 말솜씨와 카리스마 넘치는 외모도 동조자들을 모으는 데 한몫했다. 이필제는 여러 개의 가명을 쓰면서 진천과 진주 일대에서 동조자들을 모았다. 조선을 손에 넣은 후에 중국을 정복하겠다는 그의 포부에 많은 사람들이 희망을 걸었다. 어차피 꿈도 희망도 없던 시대였으니 말이다.

반란과 혁명의 한복판에 서다

고종이 즉위한 지 6년째인 1869년 4월 21일 『고종실록』에 이필제의 존재가 처음 등장한다. 진천 근처 결성현에 사는 김병립이 이홍이라는 자가 자신의 친척인 김낙균과 심홍택, 심상

반란의 시대를
살아가다

학 부자, 양주동과 함께 역모를 꾸미고 있다는 고변을 했다. 이홍은 사태가 심상치 않게 돌아가자 김낙균과 함께 도주해 버렸다. 여기에 등장하는 이홍이 바로 이필제의 가명 중 하나다. 『정감록』을 바탕으로, 새로운 세상이 열릴 때 자신이 조선의 정권을 장악하여 중국을 정복한다는 내용으로 역모를 꾸몄을 것이다.

운 좋게 도주에 성공한 이필제는 도망쳐서 숨죽여 사는 대신 한발 더 나아가기로 한다. 진주 일대를 누비면서 거사에 동참할 동조자들과 자금을 모으려고 한 것이다. 진천에서 역모를 꾸미다가 실패로 돌아간 지 불과 반년 만의 일이다. 이번에는 주성칠이라는 가명을 쓰면서 활동했는데, 계획은 좀 더 구체적이었다. 땅끝인 남해로 들어가서 무기를 탈취하고, 병사들을 모은 후에 통영과 고성, 김해를 손에 넣어 세력을 확장하는 게 일차 목표였다. 그렇게 모은 병사들을 이끌고 한양으로 올라가 새로운 나라를 세우는 것이 그의 최종 목표였다.

반란에 필요한 자금은 지방의 읍성이나 사찰의 재산을 노렸다. 화적으로 변장해서 부잣집을 털려고 시도하거나 대담하게 암행어사로 변장하여 출두를 외치면서 남해현을 습격할 계획을 세우기도 했다. 하지만 거사를 위해 포섭한 일꾼들이 중간에 도망치면서 뜻을 이루지 못했다. 하지만 그는 포기하지 않았다. 진주를 점령해서 근거지로 삼은 뒤 한양을 공격해 서양 세력들을 몰아내고 북벌을 감행하기로 한 것이다. 그런데 또다시 누군가의 밀고로 실패하고 만다.

조정은 이필제의 잇따른 역모 시도에 크게 긴장했다. 관련자들을 한양으로 압송하여 혹독하게 고문하면서 역모에 대해 조사한다. 이들을 조사하는 과정에서 이홍과 주성칠이 동일 인물임을 알고 서둘러 체포에 나섰다. 진주에서도 무사히 피신한 이필제는 그사이 새로운 계획을 세우고 있었다. 반란이 두 번이나 실패로 돌아가자 든든한 조직의 필요성을 뼈저리게 느꼈다. 반란을 준비하기 위해 동조자들을 모을 때마다 배신자가 나타나면서 일이 틀어졌기 때문이다. 자신과 반란을 함께할 조직을 찾고 있을 때 그의 눈에 들어온 것이 바로 동학이었다.

수운 최제우가 창시한 동학은 삼남(충청·경상·전라) 지방을 중심으로 급속도로 퍼졌다. 조정에서는 평등을 외치는 동학의 영향력에 위기를 느끼게 된다. 그래서 백성들을 속이고 세상을 어지럽혔다는 죄목으로 최제우를 사형에 처한다. 그의 뒤를 이은 최시형은 체포의 손길을 피해 이리저리 도망 다니면서 동학의 교세를 넓히는 데 힘썼다. 그의 노력 덕분에 최제우의 죽음 이후 잠시 주춤했던 동학은 다시 세력을 넓혀 나갔다.

그런 동학에 주목한 이필제는 최시형과 만나 함께 반란을 일으키자고 설득한다. 최시형은 최제우의 죽음 이후 힘들게 유지 중인 동학이 다시 타격받는 일을 피하고 싶어 했다. 이필제는 자신이 몇 년 전부터 동학을 믿었으며, 이 일이 최제우의 죄명을 벗고 억울함을 풀기 위한 교조 신원 운동이라고 설득했다. 이필제는 반란 날짜를 최제우가 처형당한 3월 10일로 정할 정도로 적극적으로 나섰고, 최시형은 주저하면서도 따라갈 수

혼란하는 조선, 또 다른 사람들을 찾아라

민란의 시대를 살아가다

밖에 없었다.

1871년 3월 10일, 동학교도 500명이 죽창과 몽둥이를 들고 영해 관아를 습격했다. 무기고에서 무기를 탈취하는 한편, 도망치던 영해 부사 이정을 잡아 처형하면서 처음으로 반란에 성공하게 된다. 이필제는 기세를 몰아서 곧바로 근처에 있는 영덕을 공격하려고 했다. 하지만 영덕 주민들의 호응이 적은 데다가 토벌군이 몰려올 기미가 보이자 영해를 포기하고 탈출해야만 했다. 중간에 토벌군에게 공격받아 적지 않은 가담자들이 죽거나 다쳤지만 이필제는 다시 한번 달아나는 데 성공한다. 이 사건을 '이필제의 난'이라고 한다.

마지막 목표

두 번의 실패와 한 번의 성공을 거둔 이필제의 다음 목표는 조령이었다. 이번에는 해당 지역의 유생들을 포섭했는데, 때마침 흥선대원군이 실시한 서원 철폐령에 크게 반발한 상태였다. 이필제는 유생들에게 하늘에서 세상을 구원할 진인이 내려와서 조선과 중국을 정벌하여 통치하게 되면 태평성대가 열릴 것이라고 설득했다. 그들에게 태평성대는 철폐된 서원을 다시 세울 수 있는 세상이었다.

이필제는 이번에는 진명숙이라는 가명을 사용했다. 그는 조령의 무기고를 탈취해서 동조자들을 무장시켜 충주와 청주를 공격할 계획을 세웠다. 하지만 조령 근처 주막에 수상한 사내들이 모여든다는 보고를 받은 조령 별장이 무기고에 군교와 포수들을 미리 파견해 놓은 바람에 시작도 못 해 보고 끝이 난 것이다. 총소리를 듣고 숨어 있던 이필제는 결국 체포되고 말았다.

영해 반란 사건의 주모자를 잡았다는 사실에 크게 기뻐한 조정은 이필제를 한양으로 압송하라고 지시했다. 의금부에 끌려간 이필제는 조사 과정에서 자신은 역모를 꾸민 것이 아니라 나라가 잘 되기를 바라는 마음에서 일을 벌인 것이라고 주장했다. 하지만 조정에서 그의 이야기를 들을 리 없었고 역모 죄로 처형해 버렸다.

남겨진 기록들을 보면, 이필제는 과대망상과 허언증을 가진 인물이었다. 반란을 일으키기 위해 동조자를 포섭하는 과정에서 여러 번 거짓말했고, 곧 큰 난리가 나서 세상이 어지러워진다거나 진인이 하늘에서 내려와 우리를 구원해 줄 것이라는 예언을 퍼트리기도 했다. 한마디로 세상이 뒤바뀔 것이라고 이야기하며 동조자를 모았다. 중요한 것은 이런 이필제의 말에 사람들이 귀를 기울였다는 점이다. 꿈도 희망도 없었던 백성들은 헛된 예언이라도 믿고 싶었을 것이다. 아울러 뛰어난 언변과 양반이라는 출신 성분, 그리고 『정감록』을 비롯한 각종 예언을 적절히 이용했기 때문이었을 것이다. 덕분에 이필제는 네 차례나 반란을 일으킬 힘을 얻을 수 있었다.

그는 과격한 몽상가로 살다가 최후를 맞이했다. 죽는 순간까

204

지 자신이 조선을 새롭게 만들고, 중국을 정복하고, 일본까지 손에 넣을 수 있다고 믿었다. 현실이 너무 지독했기 때문에 헛된 꿈을 꿀 수밖에 없었던 것이다. 그리고 이필제처럼 기득권층에 들어갈 수 있었던 선비에게조차 타도의 대상이 된 조선은 몇십 년 후 일본에게 국권을 빼앗기고 멸망의 길을 걷게 된다.

◉ **정감록:** 조선시대 민간 사이에 널리 퍼진 예언서. 정씨 성의 진인 (眞人), 즉 진리를 깨달은 사람이 나타나 이씨 왕조가 멸망하고, 새로운 세상이 올 것이라는 내용이 중심.

◉ **서원:** 조선시대 지방의 사설 교육 기관. 선비들이 모여 학문을 연구하고, 학자와 충절을 지키다 죽은 사람들의 제사를 지내던 곳.

◉ **역관:** 통역을 맡아보던 관리.

동학의 교조 신원 운동

조선이 세도 정치의 수탈과 서구의 위협에 시달리고 있던 1860년, 경주의 몰락한 양반 최제우가 동학이라는 신흥 종교를 만든다. 사람이 곧 하늘이라는 '인내천(人乃天)'과 새로운 세상이 열린다는 '후천 개벽 사상'을 핵심으로 하는 동학은 의지할 곳 없는 백성들에게 믿음의 대상이 되었다. 경상도 일대를 중심으로 동학이 급격하게 교세를 넓혀 나가자 조정에서는 최제우를 처형한다.

잠시 위기에 처한 동학은 2대 교주 최시형의 헌신적인 활동으로 인해 확장을 거듭한다. 최시형은 가난한 집안에서 태어나 머슴으로 일하던 인물이었다. 동학의 지도자가 된 그는 태백산에 은거하면서 다시 교세를 넓혔고, 억울하게 죽은 최제우의 죄를 씻어 달라는 교조 신원 운동에 나섰다. 하지만 동학을 위험한 사교로 판단한 조정에서는 여전히 탄압했고, 이필제의 난 때문에 동학이 곤경에 처하기도 했다.

그는 동학의 교세가 절정에 달하던 1890년대에 접어들면서 다시 공개적 활동에 나선다. 1892년 10월, 충청도 공주에서 동학교도들이 대규모 집회를 열고 충청도 관찰사에게 요구 조건을 전달한다. 동학의 창시자인 최제우의 억울함을 풀어 주고, 동학교도라는 이유로 부당한 탄압과 체포당하는 것을 막아 달라는 내용이었다. 공주에 모인 동학교도들의 수에 놀란 충청도 관찰사는 체포한 동학교도들을 풀어 주는 선에서 무마하려고 했다. 청원을 들어주지 않자, 11월에는 교주 최시형이 직접 나서 전라도 삼례에서 대규모 집회를 열고 전라도 관찰사에게 요구 조건을 전달한다. 그러나 별 소득이 없었다.

다음 해 2월에는 손병희가 주축이 되어 한양에서 직접 임금에게 상소하지만 역시 만족할 만한 답변을 얻지 못한다. 그러자 충청도 보은, 전라도 원평, 경상도 밀양에서 집회를 개최했다. 참가자가 수만 명이 넘자 조정에서는 선무사 어윤중을 파견해서 수습에 나섰다. 그러나 집회와 상소를 통해서는 아무것도 해결되지 않는다는 것을 확신한 전봉준은 결국 무장 투쟁에 나서게 된다.

Story 16

멸망의
전주곡

: 고종의 춘생문 사건(1895년)

비극의 시작, 을미사변

1895년 10월 8일, 한 무리의 일본 낭인과 훈련대 병사들이 경복궁에 침입했다. 경복궁을 지키던 시위대(구한말에 왕의 호위를 위해 조직된 군대)는 윌리엄 다이 장군의 지휘를 받으며 저항했지만 무기도 열악했고, 숫자도 부족했다. 결국 시위대장 홍계훈이 피살되면서 시위대는 와해되어 버리고 말았다. 경복궁으로 쏟아져 들어간 침입자들은 북쪽에 있는 건청궁으로 향했다. 그곳에는 고종의 비, 즉 명성황후가 궁녀들 사이에 숨어 있었다. 일본도를 뽑아 든 침입자들은 명성황후를 찾아 헤매다가 곤녕합 건물에 숨어 있는 그녀를 찾아내어 죽이는 데 성공한다. 이들

혼란하는 조선, 또 다른 시련을 맞이하다

208

은 증거를 없애기 위해 명성황후의 시신을 이불에 싸서 불태워 버렸다.

한 나라의 외교관이 낭인들을 고용해 한 나라의 왕비를 죽이고, 시신까지 없애 버린 이 끔찍한 사건은 을미년에 벌어졌기 때문에 '을미사변'이라고 부른다.

불과 몇 달 전, 청나라와의 전쟁에서 크게 승리한 일본은 시모노세키 조약을 체결한 뒤 조선을 독차지하는 꿈에 부푼다. 하지만 이때 위협을 느낀 러시아가 등장했다. 일본이 청나라에게서 요동반도를 넘겨받는다는 사실을 알게 되자 부동항을 얻으려는 자신들의 발목을 잡을까 봐 염려한 것이다. 러시아는 산둥반도에 조차지를 가지고 있었기 때문에 역시 일본의 확장을 꺼려하던 독일, 그리고 일본이 영국과 가까워지는 것을 못마땅해하던 프랑스를 끌어들인다. 갑작스럽게 등장한 세 나라의 압력에 대항할 엄두를 내지 못하던 일본은 요동반도를 포기했다.

이 사실은 일본의 세력 확장에 전전긍긍하던 고종과 명성황후에게는 희소식이었다. 당장 조선은 일본을 견제하기 위해 러시아와 손잡고 급속도로 가까워진다. 전쟁까지 치르면서 얻은 조선을 잃을 위기에 처한 일본은 극단적이고 잔인한 방식을 택했다.

우선 기존의 이노우에 가오루 공사 대신 육군 출신 미우라 고로를 신임 조선 주재 일본 공사로 보냈다. 그는 공사관에 틀

고종의 출궁 행렬 ⓒ국립민속박물관

어박혀서 승려처럼 염불이나 외운다고 해서 염불공사라는 별
명이 붙었다. 고종과 명성황후가 안심하는 사이 계획은 착착
진행되었다.

　일본은 공사관 병력 대신 조선에 와 있던 낭인들을 동원했
다. 아울러 일본식으로 훈련시킨, 곧 해산될 위기에 처한 훈련
대를 포섭한다. 조선의 훈련대가 반란을 일으켜서 명성황후를
죽이고, 고종이 사태 해결을 위해 흥선대원군에게 도움의 손길
을 내민다는 각본을 쓴 것이다. 우여곡절 끝에 경복궁에 난입
해서 명성황후를 시해하는 데 성공했지만 어설픈 일처리로 일

멸망의
전주곡

본의 소행이라는 것이 만천하에 드러났다. 따라서 시해 가담자들을 형식상이나마 재판에 회부해야만 했다.

을미사변으로 고종을 자신들의 손아귀에 넣는 데 성공한 일본은 김홍집을 내세워 친일 내각을 구성하고 자신들의 입맛에 맞는 개혁 정책을 추진했다. 그러나 유림들의 반발을 산 단발령과 같은 정책을 갑작스럽게 시행하면서 혼란이 찾아왔다. 일본에 맞서 전국 각지에서 의병들이 봉기하는 가운데, 경복궁에 갇힌 고종은 바람 앞의 촛불 같은 신세로 전락하고 말았다. 심지어 독살당할까 봐 두려워 언더우드 같은 외국인 선교사들이 직접 만들어 주거나 가져다준 음식만 먹으면서 연명했다.

고종, 탈출을 꾀하다

고종은 어떻게든 돌파구를 찾을 생각이었다. 가장 먼저 외국에 도움을 요청하는 방법을 택했다. 특히 삼국간섭의 한 축을 맡았던 프랑스에 큰 기대를 걸었던 모양인데, 아쉽게도 냉혹한 국제 정세 속에서 고종을 도울 나라는 없었다. 외국의 도움을 받는 일이 지지부진해지자 고종은 경복궁을 탈출해 외국 공사관으로 대피하는 방법을 모색한다.

처음에는 미국 공사와 러시아 공사가 알현하러 타고 온 가마에 고종과 세자가 몰래 탄 채 탈출하는 방법을 계획했다. 고종의 측근인 현흥택이 계획을 추진했지만 현흥택의 측근이었던 내관이 동료 내관에게 이 사실을 발설했고, 김홍집 내각에게 전달되면서 실패로 돌아갔다.

현홍택 다음에 구원 투수로 등장한 사람이 바로 친러파 이범진이었다. 을미사변 이후 러시아 공사관으로 대피해 있던 그는 시종원 시종 임최수를 통해 고종 구출 작전을 진행한다. 그가 선택한 방법은 군대를 동원하여 경복궁에 쳐들어가서 고종을 직접 데리고 나오는 것이었다.

을미사변 당시 일본군에게 피살된 시위대장 홍계훈의 일가친척부터 훈련대가 궁궐을 장악하면서 밀려난 친위대의 장교와 병사들까지 가담할 사람들은 얼마든지 있었다. 언더우드와 헐버트 같은 외국인 선교사와 러시아 공사 베베르도 가담했다. 여기에 윤치호와 그의 아버지 윤웅렬 같은 친미파부터 믿기지는 않지만 당시에는 친러파였던 이완용까지 가세했다.

하루하루가 가시방석 같았던 고종은 탈출 계획을 세운 사람들에게 자신을 구출해 달라는 밀지를 전달하면서 행동에 나설 것을 촉구했다. 여차하면 고종을 폐위시키고 세자를 즉위시켜도 될 상황이었기 때문이다. 밀지는 홍계훈의 친척인 홍 상궁을 통해 전달되었다.

고종을 구출하기 위한 은밀한 움직임들

고종 구출 작전의 승패는 얼마나 많은 군대를 동원해서 경

멸망의
전주곡

복궁으로 쳐들어가느냐와 내부의 호응이었다. 임최수가 끌어들인 사람은 친위대 출신 이도철 참령이었다. 김홍집 내각이 들어선 이후 훈련대가 중용되면서 상대적으로 홀대를 받았고, 고종을 구출한다는 명분도 있었기 때문이다.

을미사변이 벌어진 지 두 달 후인 1895년 11월 28일 밤, 훈련원에서 출발한 가담자들이 친위대가 주둔 중인 동별궁으로 향했다. 그곳에서 친위대 지휘관 남만리와 이규홍이 거사에 가담했다.

"이 일이 전하의 의중이라는 걸 어찌 확인합니까?"

남만리의 물음에 임최수는 홍 상궁을 통해 받은 고종의 밀지를 내보였다.

"이것이 바로 전하의 뜻이외다. 이제 믿겠소?"

주저하던 남만리가 이규홍을 바라봤다. 이규홍이 어쩔 수 없다는 듯 어깨를 으쓱거리자 남만리가 서랍 안에 든 권총을 꺼냈다.

"궁궐을 지키는 수비대의 수가 적지 않은 데다 일본군도 있습니다."

"그건 걱정 마시게. 신호를 보내면 안에서 문을 열어 주고 내응하기로 했다네."

"그렇다면 믿고 군대를 출동시키겠습니다."

남만리의 말에 임최수가 웃으면서 대답했다.

"군호는 중심일세. 이제 우리가 나라의 중심을 잡을 것이야."

남만리와 이규홍이 동원한 친위대는 군호를 '중심'으로 정하고 경복궁을 향해 움직였다. 미국 공사 서기관 알렌과 언더우드를 비롯한 외국인들도 경복궁 밖에서 대기 중이었다. 혹시나 구출 작전을 진행하는 동안 고종에게 가해질 수 있는 위협을 막기 위해서였다. 외국인들과 가깝게 지냈던 윤치호가 이 일을 맡았다.

계획은 간단했다. 경복궁 북쪽의 건춘문으로 들어가 고종을 구출해서 동소문 밖으로 나오는 것이다. 건춘문을 택한 이유는 당시 고종이 경복궁 북쪽에 있던 건청궁에 머무르고 있었기 때문이다. 동소문으로 탈출한 이후에는 고종을 미국 공사관으로 피신시킬 계획이었다. 따라서 춘생문 사건이 성공했다면 아관파천 이전에 미관파천이 있었을 것이고, 역사가 어떻게 바뀌었을지 짐작하기 어렵다.

임최수를 비롯한 가담자들은 작전 성공을 낙관했다. 고종의 밀지가 있었고, 그걸 이용해서 친위대를 움직이는 데 성공했다. 뿐만 아니라 경복궁 안에 있던 친위대 대대장 이진호가 문을 열어 주기로 했기 때문이다.

하지만 이 일은 시작부터 실패를 향해 가고 있었다. 너무 많은 가담자들을 포섭하느라 이미 정보가 새어 나간 것이다. 9월부터 이범진이 군대를 이끌고 경복궁으로 쳐들어온다는 소문이 돌면서 일본은 벌써 대비를 마친 상태였다. 설상가상으로 내부에서 도와주기로 한 이진호가 배신한 탓에 김홍집 내각과 일본 공사관에서는 가담자는 물론 거사를 진행할 시간까지 거의 정확하게 알고 있었다.

멸망의
전주곡

고종 측에서 거사를 일으킨다는 정보를 들은 내각총리 대신 김홍집은 고무라 주타로 일본 공사를 찾아간다.

"공사! 간악한 흉도들이 범궐(대궐을 침입함)을 한다는 정보가 입수되었소이다."

"우리도 정보를 입수했습니다. 친러파의 수괴 이범진이 주도하는 것으로 파악됩니다."

"그자들이 범궐을 하면 주상 전하의 옥체가 상할까 염려됩니다. 일본 공사관의 병력을 좀 차출시켜 줄 수 있겠습니까?"

김홍집의 부탁을 들은 고무라 주타로 공사가 곤란하다는 표정을 지으며 콧수염을 만지작거렸다.

"그리하면 우리 일본이 이번 일에 가담했다는 오해를 살 수 있습니다. 게다가 외국인들까지 가담했는데 자칫해서 불상사라도 난다면 참으로 곤란해집니다."

외국인이라고 말하면서 고무라 주타로 공사는 큰 한숨을 쉬었다. 그들이 늙은 여우라고 부르던 명성황후를 제거하는 작전은 어찌 되었던 잘 치러졌다. 문제는 현장을 목격한 외국인들이 너무나 많았다는 점이다. 조선인들의 항의는 어떻게든 묵살해 버리면 그만이었지만 외국인의 목소리까지 외면할 수는 없었다. 그래서 자신이 황급히 미우라 고로 공사의 후임으로 부임했고, 가담자들 역시 히로시마의 감옥에 수감해야만 했다. 잠시 생각에 잠겨 있던 고무라 주타로 공사가 입을 열었다.

"차라리 거사 전에 주동자들을 체포하는 건 어떻겠소?"

"그것도 한 가지 방법입니다만 자칫하면 일이 커질 수 있어서 말입니다."

고무라 주타로 공사와 면담을 마치고 돌아온 김홍집은 경복궁을 수비하고 있던 수비대를 준비시켰다. 그리고 밖에서는 임최수가 철석같이 믿고 있던 이진호가 부하들을 독려하고 있었다.

수포로 돌아간 고종 탈출 계획

배신자가 있으리라고는 꿈에도 생각하지 못했던 임최수는 친위대 병력들을 독려하면서 건춘문으로 갔다. 하지만 문이 굳게 닫혀 있자 서둘러 근처에 있는 춘생문으로 향했다. 춘생문에 도착한 친위대는 내응하라는 신호로 총을 발사하지만 춘생문은 열리지 않았고, 오히려 대기하고 있던 궁궐 수비대가 모습을 드러냈다. 비로소 속았다는 사실을 안 이도철은 부하들에게 공격 명령을 내렸다. 그러나 임금이 사는 궁궐에 총을 쏜다는 사실 때문에 주저하다가 대세는 기울고 만다.

이도철을 비롯한 수뇌부 일부가 춘생문의 담장을 넘어 경복궁 안으로 들어갔지만 체포되면서 일이 악화되었다. 친위대 일부도 춘생문 서쪽에 있는 북장문의 문을 부수고 침입했지만 수비대의 기세에 눌려 밀려나고 말았다. 결국 남아 있는 수뇌부마저 체포되고 가담자들이 모두 항복하면서 상황은 끝난다. 김홍집 내각에서 탁지부 대신으로 일하던 어윤중이 현장에 나타나 친위대에게 해산을 권한 것도 한몫했다.

멸망의
전주곡

고종이 아관파천을 거행했던 서울 구 러시아 공사관 ©문화재청

　그렇게 해서 고종의 탈출 계획은 무산되었고, 가담자들은 반역자로 처벌받았다. 모두 33명이 체포되어 조사를 받았는데 주동자인 임최수와 이도철은 사형에 처해졌고, 나머지에게는 태형과 유배형이 내려졌다. 궁궐을 침입하려던 사건 치고는 처벌이 약한 편이었는데, 고종이 연루되었다는 사실이 알려질까 두려워한 탓이다. 일본 입장에서는 아직 이용 가치가 있었고, 자칫 고종의 신변에 문제가 생길 경우 후폭풍이 생기면 곤란했기 때문이다.

　한편 일본은 이 사건을 자신들에게 유리하게 써먹는다. 외국의 눈치를 보느라 히로시마 감옥에 가두었던 을미사변 관련자들을 전부 석방시킨 것이다. 춘생문 사건에 외국 선교사와 공사들이 가담한 일을 빌미 삼았다.

하지만 춘생문 사건은 끝이 아니라 시작이었다. 이후에 사건에 가담했던 친미파와 친러파들은 외국 공사관으로 대피해서 후일을 도모했고, 고종은 다음 탈출 계획을 짠다.

춘생문 사건을 교훈으로 삼은 아관파천

다음 구출 작전은 춘생문 사건의 실패를 거울 삼아 계획했다. 즉, 대규모 인원을 동원하면 비밀이 새어 나갈 우려가 있기 때문에 소수 인원만 계획에 동참시켜야 한다는 점, 외부에서 고종을 구출하기 위해 경복궁에 진입하는 대신 고종이 직접 외부로 탈출하는 것이 성공 가능성이 높다는 점을 염두에 두었다. 이를 위해 두 번째 탈출 시도에는 명성황후의 죽음 이후 다시 경복궁에 출입한 귀인 엄씨가 가담했다. 그녀는 명성황후가 살아 있던 당시 고종의 승은을 입었는데, 중전의 분노를 사 궁궐 밖으로 쫓겨났던 것이다. 귀인 엄씨는 궁녀 한 명과 미리 가마 두 채로 궁궐을 드나들며 경계를 늦췄다.

1896년 2월 11일, 고종과 세자는 귀인 엄씨가 준비한 가마를 타고 몰래 러시아 공사관으로 대피한다. '아관파천'이라고 부르는 이 사건으로 인해 춘생문 사건을 진압했던 김홍집과 친일 내각은 붕괴되고 만다. 결국 아관파천의 거행과 성공 뒤에는

멸망의
전주곡

춘생문 사건의 실패와 그에 대한 반성이 존재했던 셈이다.

◉ **삼국간섭:** 1895년에 러시아, 프랑스, 독일이 간섭하여, 일본이 청일전쟁의 결과로 시모노세키 조약을 체결함으로써 얻은 랴오둥 반도(요동반도)를 청나라에 돌려주게 한 일.

◉ **조차지:** 한 나라가 다른 나라로부터 빌려 통치하는 영토. 영토권은 빌려준 나라에 속하지만, 통치권은 빌린 나라에 속함.

◉ **시종원:** 조선 후기, 궁내부에 속한 관청으로 임금의 옷, 의약, 위생 등에 대한 일을 맡아보던 곳.

파란 눈의 애국자, 언더우드

춘생문 사건에는 조선인뿐만 아니라 외국인도 많이 개입했다. 구한말에 접어들면서 문호가 개방되자 외국 선교사들이 들어와 다양한 방식으로 조선에 뿌리내렸다. 그중 주목할 만한 사람이 호러스 그랜트 언더우드(Horoce Grant Underwood) 선교사다. 원래 그는 선교사가 되어 인도로 갈 생각이었다. 하지만 우연찮게 알게 된 조선에 호기심을 느낀다. 당시 조선의 내부 사정 때문에 1년간 일본에 머무르면서 조선인 유학생에게 말을 배우고 성경을 번역하는 일을 했다.

1885년, 마침내 조선에 입국한 그는 우리나라 최초의 서양식 병원인 제중원 산하 의학교에서 조선인 학생들을 가르쳤다. 언더우드는 조선인에게 친근하게 다가갔으며, 자신의 재산을 기꺼이 기증할 정도로 헌신적이었다. 그가 세운 새문안교회는 안창호와 김규식 같은 독립운동가들을 배출하기도 했다. 왕성한 활동을 하던 언더우드는 고종에게 '원두우'라는 한국 이름까지 받았다.

잠시 미국에 돌아갔다 1892년, 다시 조선으로 돌아온 언더우드는 본격적인 선교 활동을 하면서 환자와 고아들을 돌보는 데 앞장선다. 미국 사업가 루이스 헨리 세브란스의 기부금을 받아 1904년, 우리나라 최초의 서양식 종합병원인 세브란스 병원을 여는 데도 힘을 보탰다. 더불어 성서 번역에도 힘썼으며, 한영사전과 영한사전 편찬에도 공들였다. 그러나 건강이 나빠지고 조선총독부와의 갈등에 지친 언더우드는 1916년에 미국으로 돌아간 후 그해 세상을 떠났다.

선교사로 조선에 왔지만 그의 활동에는 조선과 조선 사람에 대한 깊은 애정과 관심이 담겨 있었다. 아울러 그의 아들 호러스 호튼 언더우드는 3·1 만세운동 당시 일본이 저지른 제암리 학살 사건을 외국에 알리는 역할을 했다. 또한 손자 호러스 그랜트 언더우드 주니어는 유엔군으로 한국전쟁에 참전했으며, 한국에서 민주화 운동을 했다. 당사자뿐만 아니라 대를 이어서 한국을 위해 헌신한 것이다.

■ 참고 자료

도서

이영, 『왜구와 고려·일본 관계사』, 혜안, 2011

박종기, 『고려사의 재발견』, 휴머니스트, 2015

이승한, 『몽골 제국의 쇠퇴와 공민왕 시대』, 푸른역사, 2018

임용한, 『조선국왕 이야기』, 혜안, 1998

한일관계사학회, 『통신사 이예와 한일관계』, 새로운사람들, 2006

오기수, 『세종 공법』, 조율, 2016

김범, 『연산군』, 글항아리, 2010

한국인물사연구원, 『갑자사화』, 타오름, 2011

이종수, 『조광조 평전』, 생각정원, 2016

김범, 『사화와 반정의 시대』, 역사의 아침, 2015

유성룡 지음·김흥식 옮김, 『징비록』, 서해문집, 2003

이상훈, 『전쟁보다 치열했던 전쟁 이후의 한국사』, 추수밭, 2018

최형국, 『병서, 조선을 말하다』, 인물과사상사, 2018

민승기, 『조선의 무기와 갑옷』, 가람기획, 2004

박재광, 『화염 조선』, 글항아리, 2009

한문종, 『조선전기 향화 수직 왜인 연구』, 국학자료원, 2005

이상훈, 『전략전술의 한국사』, 푸른역사, 2014

노영구, 『조선후기의 전술』, 그물, 2016

한명기, 『병자호란 1』·『병자호란 2』, 푸른역사, 2013

차미희, 『조선시대 과거시험과 유생의 삶』, 이화여자대학교출판문화원, 2012

김준혁, 『화성, 정조와 다산의 꿈이 어우러진 대동의 도시』, 더봄, 2017

이한우, 『정조 조선의 혼이 지다』, 해냄, 2007

박무영·조혜란·김경미, 『조선의 여성들, 부자유한 시대에 너무나 비범했던』, 돌베개, 2004

정창권, 『거상 김만덕, 꽃으로 피기보다 새가 되어 날아가리』, 푸른숲, 2006

최선경, 『호동서락을 가다』, 옥당, 2013

함규진, 『왕이 못 된 세자들』, 김영사, 2009

신명호 외 6명 지음, 『조선의 세자로 살아가기』, 돌베개, 2013

김기현 외 7명 지음·동학학회 기획, 『1871년 경상도 영해 동학혁명』, 모시는사람들, 2014

하지연, 『기쿠치 겐조, 한국사를 유린하다』, 서해문집, 2015

안승일, 『김홍집과 그 시대』, 연암서가, 2016

정교 지음·조광 엮음·변주승 옮김, 『대한계년사 2』, 소명출판, 2004

한국인물사연구원, 「기묘사화」, 타오름, 2011

논문 및 학술지
이정철, 「기묘사화 전개과정과 중종의 역할」, 『국학연구 제34집』, 한국국학진흥원, 2017
김성희, 「특집 : 오대산 사고와 사고본의 가치: 조선 시기 외사고의 변천과 오대산사고」, 『동국사학 제57권』, 동국역사문화
연구소, 2014년
이상찬, 「전주사고본 실록의 보존과 관리」, 『규장각 39』, 서울대학교 규장각 한국학연구원, 2011년
한춘순, 「태조 7년(1398) '제1차 왕자 난'의 재검토」, 『조선시대사학보 55집』, 조선시대사학회, 2010
김윤주, 「조선 태조·태종대 정치와 정치세력」, 서울시립대 박사학위 논문, 2011
이정란, 「1361년 홍건적의 침입과 공민왕의 충청지역 피난정치」, 『지방사와 지방문화 21권 1호』, 역사문화학회, 2018
소진형, 「세종시대 공법 논쟁에서 나타난 조세개혁과 인정(仁政)의 관계, 그리고 그 범주 및 의미」, 『정치사상 연구 제24집
2호』, 한국정치사상학회, 2018
강은혜, 「연산군대 왕권과 신권의 대립과 사화: 무오·갑자사화를 중심으로」, 명지대학교 석사학위 논문, 2012
최연식, 「정암 조광조(1482~1519)의 도덕적 근본주의와 정치개혁」, 『한국정치학회보 제37집 제5호』, 한국정치학회,
2003
정두희, 「조광조의 복권과정과 현량과 문제: 16세기 조선 성리학의 성격에 관한 첨언」, 『한국 사상사학 16권』, 한국사상사
학회, 2001
노영구, 「16~17세기 조총의 도입과 조선의 군사적 변화」, 『한국문화 제58집』, 서울대학교 규장각 한국학연구원, 2012
제장명, 「임진왜란 시기 항왜의 유치와 활용」, 『역사와 세계 제32집』, 효원사학회, 2007
양흥숙, 「조선후기 항왜의 존재 양상과 정착: 대구시 우록리 김충선의 후손 사례를 중심으로」, 『대구사학 122권』, 대구사
학회, 2016
채휘균, 「조선중기 과거시험에 대한 미시적 연구」, 『인문사회과학연구 제16권 제1호』, 부경대학교 인문사회과학연구소,
2015
이민아, 「효명세자·헌종대 궁궐 영건의 정치사적 의의」, 『한국사론 54권』, 서울대학교 국사학과, 2008
김문식, 「효명세자의 대리청정」, 『문헌과 해석 56호』, 태학사, 2011
연갑수, 「이필제 연구」, 『동학학보 6권』, 동학학회, 2003
장경호, 「명성황후 시해사건과 춘생문사건 당시 미국의 태도」, 『강원사학 31권』, 강원사학회, 2018
신이레, 「구한말 선교사 헐버트(Homer B. Hulbert)의 활동 연구」, 협성대학교 석사학위 논문, 2008

기타
조선왕조실록: http://sillok.history.go.kr
고일권 글·그림, 〈칼부림〉, 네이버 웹툰: https://comic.naver.com/webtoon/weekday.nhn

교과서에 나오지 않는
조선 사건 실록

초판 1쇄 펴낸날 2019년 4월 2일
초판 2쇄 펴낸날 2020년 4월 13일

지은이 | 정명섭
펴낸이 | 홍지연
펴낸곳 | 도서출판 우리학교

편집 | 김영숙 소이언 정아름 김선현 박지연
디자인 & 아트디렉팅 | 정은경디자인
디자인 | 남희정 박태연
영업 | 이주은
홍보 | 최은
관리 | 김세정
인쇄 | 에스제이 피앤비

출판등록 | 제313-2009-26호(2009년 1월 5일)
주소 | 03992 서울시 마포구 동교로23길 32 2층
전화 | 02-6012-6094
팩스 | 02-6012-6092
이메일 | woorischool@naver.com

ISBN 979-11-87050-89-6 43910

이 도서의 국립중앙도서관 출판예정도서목록(CIP)은 서지정보유통지원시스템 홈페이지
(http://seoji.nl.go.kr)와 국가자료종합목록 구축시스템(http://kolis-net.nl.go.kr)에서 이용하실
수 있습니다. (CIP제어번호 : CIP2019012115)